Everlasting happiness.

ずっと続く幸せ 私の初期化

日常に奇跡を起こす「命のシステム」が始動する!

Tsurumi Shimano
嶋野鶴美

SIBAA BOOKS《シバブックス》

はじめに

初期化とは、様々な重たいものを消去して、元のまっさらで良好な状態に戻すことを意味します。

本書は、**「私の初期化」**を通じて、人生の中で積み重なった様々な辛さや困難から解放され、幸せに満ちた「本来の状態」に戻るための方法や考え方を説いたものです。

そして、本書では大きなテーマとして、初期化の鍵を握る「間脳《かんのう》」（幸せホルモン等の分泌中枢）という存在にスポットを当てて展開していきます。

申し遅れました。嶋野鶴美と申します。私は、「命とは何か？」という疑問から脳科学を学び、命に秘められた幸せシステムに気づきました。このシステムを活用すれば、誰でも幸せになれると確信し、日本を元気にしたいという思いから、２０１７年にＮＰＯ法人「間脳開花塾」を立ち上げました。研究段階から合わせて約１０００回に及ぶ講座、セミナー、講演会を実施し、その都度、より分かりやすく、より実践しやすくするために段階を上げてきました。そして、これまでのノウハウを凝縮させて執筆したのが本書となります。

命に内在する幸せシステムを実践し、長年の自己否定の思いから解放された方、奇跡的に健康を回復された方、学業で飛躍的に向上された方、行き詰まっていた事業を大逆転された方、思いがけない才能に目覚めた方など、生きる力を高め、人生に奇跡を起こした方々がいます。ぜひ、皆様も自分の命に秘められている幸せシステムを知り、活用していただければと思います。

私たちが生きるこの21世紀は、**「命の世紀」**といわれます。

遺伝子の研究が進み、知られざる命の秘密が解き明かされています。

命の秘密といえば、その発見によって世界を驚かせた出来事がありました。

それは、2012年にノーベル賞を受賞された山中伸弥教授のiPS細胞です。

iPS細胞とは、皮膚などの体細胞に特定の遺伝子を導入して作られる、驚異的な能力を持つ細胞です。この細胞は、まるで受精卵のように様々な細胞に分化できる能力を持ち、そのプロセスは**「細胞の初期化」**と呼ばれます。この発見は、私たち一人ひとりの細胞が奇跡的な力を秘めていることを教えてくれます。

また一方で、私たちの知能を模倣し、進化させる人工知能の研究も飛躍的に進展しています。その性能はついに人間の脳を超える領域に達し、人類の未来には希望と共に様々な不安も押し寄せています。

21世紀、このような時代だからこそ、私たちは自分の命がどれほど大切で価値あるものかを、深く見つめる時が来ているようです。

私が人生を通してずっと問い続けてきたことは、「命とは何か?」「生きる意味とは?」ということでした。

それは、私が小学生の頃、最愛の父が病気で他界したことがきっかけでした。私の命への問いかけは、内面的な探求から進んでいきました。

様々な精神世界の教えを学び、心理学、潜在意識、遺伝子学、そして最後に脳科学によって、

「命とは何か?」の答えを見出しました。

それは、とてもシンプルなことでした。

私たちは幸せを感じたり、喜びを感じると笑顔になります。これは自然なことです

が、その続きが脳の中で起きていきます。笑うと、脳の中では幸せホルモンが分泌され、幸せな気分が増幅され、体にも良い影響が起きてくるのです。

私は、ハッとし、心が揺さぶられる思いでした。自分の意識が幸せを求めていると思っていたのに、私の命自体が幸せになることを願い、幸せになるシステムを有していたのです。

これまで、「感謝すると幸せになる」「明るい思いを持つと幸せになる」など、様々な方が説かれていますが、それは、すべて命自体にある幸せシステムが活用されている自然の働きだったのです。

命自体が有している幸せシステムを活用すれば、誰でも幸せになれる。自分が幸せだと他の方の幸せを願うようになります。この幸せシステムの活用によって、世界は平和になると確信しました。

そこで、脳科学の中で、特に松果体《しょうかたい》を含む間脳に注目しました。私たちが笑うと、間脳が反応するのです。間脳は、24時間体制で私たちが生きていけるように守ってくれ、また、幸せホルモンを分泌して、幸せを感じながら生きていけるようにしてくれます。

命に秘められた幸せシステムは、間脳を知ると明確になるのです。

命とは、宇宙と深くつながった奇跡の存在であり、幸せになる無限の可能性を有しています。これが私たちの命に秘められている初期値なのです。

21世紀は命の世紀です。命に秘められた驚異的な力が明らかになっています。

iPS細胞は、細胞の初期化を実現させました。成熟した体細胞に特定の遺伝子を導入することで、再び多能性を持つ幹細胞に戻すことができるのです。これは、まるで時間を逆回転させて命の初期状態に戻すかのような奇跡を起こしたのです。

ありえないことが起きたこの世紀。次の奇跡が幕開けようとしています。

それは、奇跡の命を有するすべての人が、様々な苦悩から解放され、本来の輝きを取り戻し、幸せに生きるという「私の初期化」が実現するということです。

私たちが生きていく中で、苦しみを生じさせる思い込みや呪縛、先入観、比較、競争など、心にチリやホコリが積もっています。

人類文明を見ても、自然界を破壊し、戦争が勃発し、うつ病は急増し、負のエネルギーが巨大化し、文明自体が行き詰まっています。

この文明を築いたのは、人間です。

しかし、自然から生まれた人間の初期値は、自然と調和し、すべてと調和して幸せに輝く状態なのです。

そして、この初期化は、自然とつながる脳・間脳によって実現します。

では、本当の自分、自分自身の初期化を成すために、あなたの命に秘められている奇跡の力に気づくことから始めていきましょう。

皆様の中に秘められた幸せの初期値が回復され、豊かで安らぎに満ちた幸福な人生が開かれることを心から祈念いたします。

２０２４年8月吉日

嶋野鶴美

目次

第2章

私の初期化を妨げる動き

第3章

私の初期化と間脳について

第4章

私の初期化を促す間脳発想法

第5章

日本的感性が世界を救う

序　章

「0・1㎜の奇跡」という言葉を聞いたことはありますか。
これは、実は「あなた自身」のことです。

あなたの人生の旅は、たった0・1㎜という小さな命から始まりました。目に見えるか見えないかの微小な受精卵。その小さな命が、奇跡の連鎖を引き起こし、あなたという唯一無二の存在を築き上げたのです。

約0・1㎜の受精卵は、あらゆる細胞に分化するという驚異的な能力を持ちます。
このたった一つの細胞は、まるで魔法のように変化し、心臓、肝臓、肺、そしてその他すべての臓器を形成し、美しい調和的な生命システムを完成させます。

その分裂、成長、結び合わさっていく様子は、まるでビッグバンから星々が誕生する宇宙の創世を再現するかのようです。

あなたの命には、宇宙、自然の叡智《えいち》、美しさ、調和が詰まっています。

このような宇宙的奇跡の力で誕生したあなたは、まさに奇跡の存在なのです。

「はじめに」でも触れましたが、**「私の初期化」**とは、あなたが有する奇跡の命には、幸せになる無限の力が秘められており、その力を解放し発揮することを意味しています。初期化することで、重く積み重なった様々な辛さから解き放たれ、幸せに輝く本来の状態に戻ることができるのです。

ただ突然、奇跡の命といわれても、とてもそうは思えない、ストレスや悩みもあり、十分ではないと思う方も多いかもしれません。

それでも、大丈夫。ある秘密の存在を知るだけで、私にはとてつもない力が内在している、私は愛され、幸せになるために生まれてきていると思え、そうすると毎日、幸せな小さな奇跡が続出してくるようになるのです。

幸せになる秘訣は、まず、自分で自分の価値に気づき、自分と自分との良き絆を結ぶことです。

あなたの中には、とてつもなく素晴らしい幸せの無限力があります。しかし、その輝きは、思い込みや誤解、固定観念といった様々なチリやホコリに覆われてしまい、見えなくなっているのです。

さあ、幸せで最高に輝くあなたを回復するために、まず、あなたの心を暗く、狭く、重くしているチリやホコリを取り除いていきましょう。

あなたの心を暗闇へと向かわせる要因の一つに、**「比較トラップ」**があります。

比較トラップとは、無意識に自分と他者の比較、または今と未来の比較をすることで、ストレスを抱え込む心理的な罠《わな》のことです。

トラップとは、獲物を捕らえる罠や落とし穴ですが、私たちはつい比較してしまうことで、気持ちが乱れ、心が苦しみに囚われてしまうのです。

誰でも幸せを遠ざける罠には陥りたくありませんが、気づかないうちに、この比較トラップにはまっていることがよくあります。

例えば、昨今はテレビやＳＮＳで、自分の生活や外見を他の方と比較することが容易にできます。その中で、他の方の様子と比べ、ふと自分は劣っていると感じ、落ち込んだりします。比較しなければいいのにと思いますが、**実は、これは私たちの脳の性質から起きる現象でもあるのです。**

さらに、現在は比較社会・競争社会ですので、この落とし穴はあらゆるところに仕掛けられているといってもよいでしょう。

「比較トラップ」は、目標を掲げて進むときに起きることもあります。未来を見据えて、「これをしなければならない」と、目標達成のために頑張っていく状態です。

これがなぜ、比較トラップになるかというと、今の状態と未来の状態を比較しているからです。知らない間に、今の状態に満足できず、常に追われて生きるようなストレスを抱えてしまうのです。

このような話があります。

「常に未来に目を向けて生きるある女性がいました。彼女は幼い頃から、将来の夢や目標に向かって進むことを教育されていました。彼女の頭の中には、成功への道が明確に描かれ、願ったことも叶えられていきました。だけど、いつも、何かに追い立てられて生きているような……。一つの目標を達成して満足したのも束の間、次の目標に向かっていく。その志向性から抜けられなくなり、常に緊張し、命を削りながら生きているように感じたのです」

これも、比較トラップの一例です。

未来を求めることは大切ですが、今ある幸せを感じない状態で、未来ばかりを求めていくと、知らない間にストレスを溜め込んでしまいます。ストレスが長引くと、ストレスホルモンが心身を蝕《むしば》んでいき、生きること自体が苦しくなるのです。

私たちを幸せから遠ざける、比較トラップ。これは脳の中でも、知性の脳・大脳の働きが大きく影響します。大脳はとても優秀ですが、比較する能力を有し、さらに未来を求めるという方向性を有しています。**未来を見つめて、「もっともっと」と際限なく突き進んでいく傾向があるのです。**

私自身、この比較トラップにどっぷり陥っている時期がありました。

私の性格を分析すると、日本人の特性でもある真面目傾向。そして責任感が強く、目的志向型で、さらに自己否定感もあり、仕事はストレスを溜めながら頑張るタイプでした。

以前のことですが、誕生日をお祝いしてくれる場面で、あまり幸せを感じていない自分がいました。そんな幸福感の低かった私が、今は激変し、生きていることが幸せと、幸福感が込み上げるようになったのです。

この変化は、ある存在を意識するようになったからです。それは、「赤ちゃん脳」です。

「えっ、赤ちゃん脳って何？」と思われますよね。

赤ちゃんは大脳がまだ十分に発達していないので、生命脳と言われる「脳幹・間脳」が主に働いています。これを、私はイメージ的に、赤ちゃん脳と呼んでいます。

赤ちゃん脳は、とても前向きで超ポジティブです。寝たきりだった赤ちゃんは、必ずハイハイし始めます。次に、コテンコテンと転びながらも立ち上がっていきます。絶対に途中で諦めません。そして遂に、歩き始めます。今を全力で生きながら、未来を確実に切り開いていきます。

これは、自然に備わっている命のシステムです。この命のシステムを守っている中枢が、間脳です。間脳は、第三の目ともいわれる松果体を含む脳です。ちなみに、間脳は、左脳・右脳という大脳の奥にあり、生命システムの中枢です。

間脳主導で動く赤ちゃんは、今を精一杯に生き、比較することはしません。自己否定もしません。落ち込むこともなく、自然体そのものです。

この明るく、ひたむきに生きようとするシステムが、命の脳・間脳にあるのです。

ですから、私たちを苦しめる様々な思いから脱出し、幸せで最高に輝くあなたを回復するには、間脳を活性化するとよいのです。

間脳が活性化してくると、今、生きている喜びが込み上げてくるようになります。この感性が出てくると、今を楽しみながら未来を求めることができるようになります。

さらに、命の素晴らしさが実感できるので、絶対的自己肯定感が養われ、他との比較も自ずとしなくなります。

また、健康と密接な関係のある間脳の働きが高まることで、自律神経、免疫系、内分泌系の調和がとれ、健康面に良い効果が出てきます。

しかも、間脳は心の状態とも密接な幸せホルモンを分泌します。その活性化に伴って、自分の中から「私は、ずっと愛されている」という感覚が湧き上がってきます。すると、心が癒され、頭の中でグルグルと回るネガティブな自動思考（無意識に浮かぶ考え）からも、解放されるようになるのです。

それに加えて、間脳は潜在意識とも関係し、その活性化により、願うことが叶う体質へと変化していきます。夢、成功、お金、健康、人間関係など、願うほうへと間脳が誘導してくれるのです。

現代人は、命を司《つかさど》る間脳と、知性を司る大脳とのバランスが崩れており、それが様々な苦しみを生み出す原因となっています。知性の脳である大脳に偏っているため、バランスが崩れ、ストレスが生じ、あなたの中に秘められた無限の可能性も封印されているのです。

でも、間脳と大脳が調和するようになると、自分と自分との調和、人同士の調和、人と自然との調和までも回復する道が開いていくのです。

「私の初期化」、それは、命の脳・間脳を活性化させて、大脳と調和させ、幸せで最高に輝く自分を発揮することです。

第1章からは、読者の皆様が「私の初期化」をして、最高の自分を取り戻すための方法を分かりやすく説いていきます。

さあ、本来の自分、本当の自分を回復していきましょう。

第1章

セルフイメージの初期化

第1節

セルフイメージとは

セルフイメージとは、自分が自分をどのように見ているのか、自分に対する思い込みや、自己評価のイメージのことです。

皆様は、どんなセルフイメージをお持ちでしょうか。

「自分は価値がある」あるいは、「あまり価値がない」

「自分は運がいい」あるいは、「どちらかというと運が悪い」

あまり考えないという方もいらっしゃるかもしれません。

でも、このセルフイメージは、幼い頃から今に至るまで、日々の経験とか体験により、潜在意識に刻み込まれている深い記憶なので、知らない間に人生に影響を及ぼしているのです。

ポジティブなセルフイメージの場合、自己肯定感が高く、自分の能力や価値を信じて積極的に行動します。その結果、自己実現や成功への道を開く可能性が高まります。

一方で、気づかないうちにネガティブなセルフイメージが形成されていると、自己制限や自己否定に陥り、成功や幸福を妨げる可能性が出てくるのです。

セルフイメージが高いと自身の力を最大限に発揮しやすい傾向があるという例として、今、メジャーリーグで活躍中の大谷翔平選手があげられます。ほとんどの人が、二刀流なんか無理、ピッチャーとバッターを兼ねるなんて難しいという、先入観を抱いていました。でも、大谷選手は、18歳の頃から、「先入観が、可能を不可能にする」という言葉を、座右の銘にしていたそうです。意味は、人々があらかじめ持っている常識や思い込みが、可能性の芽を摘むということですね。大谷選手は、ネガティブな先入観を取り払い、自信を持って二刀流に挑戦し、記録を残していきました。

このように、セルフイメージを高めることは、自分の可能性を開き、幸福な未来、幸福な人生を開く原動力になります。

さらに、このセルフイメージによって、自分の中にある生命システムもよく動き出す、スイッチオンになる働きがあります。

エンドルフィンという多幸感をもたらす神経伝達物質がありますが、この明るいセルフイメージに反応してくれます。エンドルフィンは、ポジティブな感情や信念によっても分泌が促されます。

エンドルフィンは間脳から分泌されますが、私たちの命は明るいセルフイメージを持ち、生きることを楽しみ、チャレンジすることを応援するという働きがあるのです。

第２節
セルフイメージを低下させる比較トラップ

ポジティブなセルフイメージ。それは、人生に希望を持ち軽やかに生きていくために、とても有効です。でも、現実には、なかなかそうはいかない面があります。

日本人は、先進国の中で、自己肯定感が最も低いというデータがあります。２０１５年、高校生を対象にした調査で、「自分はダメな人間だと思うことがあるか」との問いに対して、「とてもそう思う」「まあそう思う」を合わせて7割を超える回答が寄せられました（文部科学省調べ）。

日本人の自己肯定感が低い理由としては、様々な要因があると思いますが、競争社会・比較社会の中で、比較トラップに陥り、抜け出せないでいるケースも多いと思います。

比較トラップは、比較することでストレスを生じさせる罠のことです。

現代社会を見ると、学校や社会においても競争は非常に激しく、優れた成績を収めることが社会的な評価に直結します。また、外見の比較、収入の比較、職業・キャリアの比較など、常に他の人と比べることが習慣化されています。

比較は高度な認知機能で、それ自体は問題ではありません。類似性や相違点を特定し、それらを分析する認知プロセスです。しかし、その過程で他者との比較をしすぎると、自己否定感が生じ、その結果、自分の努力を認めることができず、自分を責める癖がついてしまうのです。

素直で思いやりのある人ほど、この傾向が強く、周りの期待に応えようとして過剰に頑張ってしまいます。そして、失敗や欠点を指摘されるたびに、「私がダメだから」と責めたり、「もっと頑張らなければ」とますます空回りしてしまうのです。

知らない間に自己を攻撃する思考回路が強くなると、脳の中では扁桃体《へんとう》という部分が過活動になります。扁桃体は、不安や恐怖、怒りなどに反応します。危険な状態を察知して、命を守るために反応するのですが、体内ではストレスホルモンが分泌されます。

短期的ストレスは問題ありませんが、自己否定・自己攻撃などが長引き、習慣化すると、扁桃体が肥大化する傾向があります。そして、少しのストレス要因でも過剰に反応するという悪循環に陥るのです。

扁桃体が過活動になると、ついイライラしたり、「消えてしまいたい」「逃げ出したい」「私ってダメな人間」「どうせ無理」「誰も分かってくれない」など、ネガティブな思いが頭の中でグルグルと回り続け、なかなか切り替えられません。

またマイナス思考になりやすく、どうしてもマイナス面ばかりがクローズアップされてきます。これは性格から来るものなのかと思いがちですが、身を守ろうとする扁桃体の過活動が原因なのです。

この状態から、いきなりポジティブなセルフイメージに転換するのは、難しい面があります。では、どうしたらよいのかというと、まず、マイナスをゼロに戻す。ニュートラル状態にする。これを、セルフイメージの初期化といいます。

初期化とは、最初に戻すということですから、あなたの人生の最初に戻ってみましょう。そこからセルフイメージの初期化が見えてきます。

第３節　セルフイメージの初期化

ネガティブなセルフイメージが形成される要因に、自分で自分をジャッジすることがあります。できない自分を責めるという感じですね。自分はあれもできない、これもできない、人より劣っているという思い込みが原因ともなります。

優秀な成績を得ること、評価される仕事をすること、価値ある結果を出すこと。これはとても素晴らしいことです。

でも、考えてみましょう。あなたの人生の最初、赤ちゃんの状態では、実は、何もできなかったのです。

自分で服を着ることもできません。体を清潔に保つことも、ご飯を食べることも、一人でトイレに行くこともできません。だから、何から何まで全部やってもらいます。スムーズに寝つくこともできないので、ずっと抱っこされて安心し、寝つきます。

こんな赤ちゃんは、何もできないから価値がないでしょうか。

赤ちゃんは、命の脳・間脳などを中心とする命のシステムに従い、一途に前向きに生きています。この純粋で無邪気な姿だけで、周りの人を幸せにしてくれます。存在していること自体が素晴らしいのです。

赤ちゃんは、あるがままで命の健気《けなげ》さ、命の美しさを教えているのです。

実は、セルフイメージの初期化とは、自分の命を見つめ、**「今、存在している。素晴らしい」**という感覚です。

何かをして価値があるのではなく、命があること自体、あなたが存在していること自体、価値があるというセルフイメージです。

セルフイメージの初期化。私はこれを、生命脳である**「間脳中心のセルフイメージ」**とも表現しています。このセルフイメージは、命そのものを肯定していますので、根源的・絶対的自己肯定感も培《つちか》われていきます。

鏡に向かって、自分の姿を見ながら、「私は今、生きている。素晴らしい」と語りかけてあげてください。続けていると、間脳から愛情ホルモン・オキシトシンが出てきて、ジワッと温かな思いに包まれてくるようになります。

私たちの間脳には、ストレスを緩和して幸せに生きるための機能もちゃんと備わっているのです。

ストレスを和らげるオキシトシンは、間脳から分泌されますが、赤ちゃんの頃からしっかり分泌されて仕事をしています。

お母さんに抱っこされ安心しているとき、赤ちゃんの脳はオキシトシンを分泌します。赤ちゃんは、愛されることで成長します。

今、もう大人になった私たちは、自分で自分の命を抱きしめ、受容し、愛情を注ぎましょう。やさしい声かけと共に、自分の手をやさしくタッチするのも効果的です。皮膚は露出した脳とも表現され、皮膚に触れた感触が脳に届き、オキシトシンが分泌されます。

自分の手を撫でながら、**「ずっと仕事をしてきてくれたね。ありがとう」**と呟《つぶや》いてみましょう。あなたが自分の命を愛おしむとき、セルフイメージの初期化がどんどん進んでいきます。そして、初期化が進むと共に、明るいセルフイメージが自然に形成され、とてつもない潜在能力も発揮できるようになるのです。

第４節　見方が変わると人生が変わる

セルフイメージの初期化と共に、自分の命への見方が変わってきます。自分の命そのものは同じなのに、見方が変わると感謝する思いが深くなり、つまり感情が変わり、次に行動が変わり、そして人生そのものが変わってくるのです。

すべて、どのように見るかは自由です。

でも、既に持っている命を肯定的に見つめると、あなた自身が幸福になり、幸せな未来を引き寄せやすくなります。

引き寄せの法則は、自分の思考や感情が特定の波動を放ち、それが周囲の波動と共鳴することで、類似した波動を引き寄せるというメカニズムです。もし、今が不足と感じていたら、未来も不足の状態を引き寄せ、今、幸せと感じていたら、幸せな未来を引き寄せやすくなります。

私たちは誰でも不幸な未来ではなく、幸せな未来を願います。だとしたら、未来の幸せを求める前に、今の在り方、今、幸せを感じることが大切となります。では、どんな状況でも幸せを感じられる方法とは何か。それは、原点の原点、自分が有する命がとてつもなく素晴らしいものであるという認識が、今の幸せを運んできてくれます。

自分の命が奇跡だと思えるようになると、日々の生活の中で、小さな奇跡が頻繁に起きるようになり、まさにミラクル体質になっていくのです。

第５節　奇跡の命を生きる私

では、自分が持っている命について、さらに深く見つめてみましょう。

皆様は、自分の手がどのようにしてできるか聞いたことはありますか。私たちの手には指が５本ありますが、胎児の初期、５本指はなく、まるで小さな塊《かたまり》のようです。この塊のような状態から５本指になるのに、驚くほど素晴らしいプロセスがあります。手の中から、一部の細胞が特別な仕事、「アポトーシス」という魔法のような仕事をします。アポトーシスとは、細胞が自分自身を消去するということです。塊の手から、指の間にある不要な細胞が消去され、綺麗な５本指が出来上がってきます。

このように、私たちの手だけ見ても、生命の神秘が詰まっています。

自分の命を見つめていくと、私の命を支えてくれている沢山の存在があることにも気づいてきます。

その一つはあなた自身の細胞です。何十兆もの細胞があなたの存在を支え、あなたの命を守るために一生懸命に働いてくれています。

想像してみてください。あなたの体の中で躍動的に働く何十兆もの細胞。それぞれが生きている存在です。さらに驚くべきことに、それらは協力して、傷ついたところを治したり、病気と戦ったりしています。これらの細胞は、あなたの体の中で奇跡を起こし、あなたの命を守るために一時も休まずに働いています。そして、一糸乱れぬ協調の中で、あなたを支え、生きていけるように、大切にしてくれているのです。

あなたはずっと、これら何十兆もの小さな存在たちから愛情を受け続けてきています。生きているということ。それは、ずっと愛されているということです。

私たちは、外からの愛情を求め、愛情を受けると喜び、受けられないと辛くなります。でも、どんな時でも、あなた自身の中に、あなたを守り、温かな愛情を放ってくれている存在がいるのです。

自分自身の命を見つめていくと、意識の変容が起きてきます。目が見えること、心臓が動いていること、話ができること、歩けること、すべては当たり前ではなく、とてもありがたいことだと感じてきます。すると、命はさらに応えてくれて、セロトニンなどの幸せホルモンを分泌し、幸せの好循環が続いていくようになります。

忙しい日々の中で、つい目先のことに追われてしまいがちですが、ほんの少しでも、呼吸している自分、心臓が動いている自分に意識を向けていきましょう。これが、命の脳・間脳と知性の脳・大脳とを調和させる方法でもあります。脳内調和は、今この時、あなたを幸せにしてくれます。

「私は生きている。愛されている。ありがとう」

この思いが幸せな未来も運んでくれます。

さらに効果を高めるために、ニコッとしてみましょう。あなたの中の小さな存在たちは、あなたの笑顔が大好きです。

癌細胞をやっつけてくれるＮＫ細胞は、笑うことで活性化することが分かっています。口角を上げるだけでも、脳は反応して、幸せホルモンが分泌されやすくなります。

今この時も、あなたの中に、あなたを幸せにする愛情深き「命のシステム」が、働いてくれています。

あなたの命は、あなたが幸せに生きていくことを願っているのです。

第６節

ずっと愛されている命

赤ちゃんは、愛情を受けることで成長します。私たちは何のために生まれてきたのか。それは、**「愛され、幸せになるために生まれてきた」**のです。

人は愛されている、大切にされていると思えるとき、幸福感を感じます。

セルフイメージの初期化で、「愛され、幸せになる」がセットされると、明るい思いと共に、愛される現実、幸せな現実が引き寄せられてきます。

逆に、自分を愛せないことは本当に辛いことです。好ましくない相手と四六時中一緒にいるようなもので、常に責めるような、ネガティブな面ばかりが見えてきます。

この状態を逆転するためにも、自分の命に注目しましょう。あなたの命は、あなた自身を決して責めることなく、幸せに生きていくことをいつも願ってくれているのです。

「私はずっと愛されている」という思いを深めるために、私の命を支えてくれている沢山の存在にさらに気づいていきましょう。

宇宙から、私たちを照らしてくれている太陽。太陽の光によって、私たちはこの色あざやかな世界を見ることができます。

もし、太陽が空から消えたらどうなるでしょうか。人類は非常に短期間で滅亡することになります。地球は急激な温度低下に見舞われ、生命が維持される環境が消失するからです。植物は光合成を行えずに枯死《こし》し、それに依存する動物たちも食糧を失います。水が凍結して氷になり、生存に必要な水源も失われてしまいます。

こう考えると、当たり前のように空に昇る太陽が、どれほど私たちの命を守ってくれているかが見えてきます。命を守り、色を与え、さらには幸福感も与えてくれます。私たちが太陽の光を浴びると、幸せホルモンのセロトニンが分泌されます。私たちは、太陽の光によって命と幸せをもらっているのです。

また、私たちの命は地球によって守られています。もし、地球から放り出されたら、一分たりとも生きることはできません。地球は、引力という力で私たちを抱きしめてくれていますが、その力は、愛情の温かさに似ています。

生きるために必要な適切な温度と酸素を供給し、季節ごとに豊かな食物を提供し、美味しい水を与え、私たちの命を守ってくれています。

森の緑は私たちを癒し、大海の波の音は私たちに平穏をもたらし、美しい花々は幸福感を与えてくれます。

私たちの星・地球を「母なる星」ともいいますが、この美しい星によって、私たちは守られています。

太陽、地球に共通するものがあります。それは、私たちに命を与え、幸福をもたらしてくれるということです。幸せで元気に生きていくことを願ってくれる、それは純粋な愛情とも表現できます。

人は愛情を感じるとき、幸せな気分になります。この時、愛情ホルモン・オキシトシンが分泌されています。同様に、美しい景色を見たり、自然に触れることで、心が安定し、幸せな気分になります。この時も、間脳から愛情ホルモン・オキシトシンが分泌されます。間脳は自然との触れ合いによっても愛情を感じるようにしてくれるのです。

外に出かけたとき、青空や、木々や、花々、土などをこれまで以上に意識してみましょう。そして、**「私を大切に守ってくれている。愛してくれている」**と思ってみてください。オキシトシンの分泌が促され、自分の中からジワッと温かな思いが湧いてくるようになります。

第７節

宇宙につながるセルフイメージ

宇宙の愛について、日本経済界で大変有名なある方が、次のように語られています。

「宇宙を貫く意志は愛と誠と調和に満ちており、すべてのものに平等に働き、宇宙全体をよい方向に導き、成長発展させようとしている」（『生き方』サンマーク出版）と。その方は、京セラの創業者であり、その哲学をもって、経営破綻となった日本航空を奇跡的に再生された稲盛和夫先生です。

稲盛先生は、宇宙を貫く意志は愛と誠と調和であると理解され、それとつながる利他の心、慈愛の心を原点として、社会的な奇跡を起こしていかれました。

同じ事象を見ても、見方一つで、感情が変わり、次に行動が変わり、そして人生そのものが変わってきます。稲盛先生は、宇宙の愛の姿を視点に定め、その純粋波動を自らも放っていくことを追求し、大成功を収められたのです。
言い換えると、宇宙につながったセルフイメージを持ち、自己の可能性を最大限引き出されたともいえます。

私たちにおいても、このセルフイメージを強めることは、自己を小さな世界に閉じ込めることなく、人生を前向きに、明るく生きていける原動力となります。
仕事帰りや普段の生活の中でも、意識して、夜空の星を見上げてみましょう。あの星々と同じ元素で、私たちはできているのです。

私たちの命は宇宙につながる奇跡的な存在です。そのことを、遺伝子研究で有名な村上和雄先生は、数々の著書で伝えられています。

　その一例に、**「地球にある元素はどこから来たのかというと、宇宙から来ています。だから私たちの身体は、もとは宇宙から来ているのです。ビッグバンの直後に生まれた水素が、いまも私たちの身体の中に残っています。そう考えると、私たちの生命は三十八億年どころではなく、宇宙開闢《かいびゃく》以来の百三十七億年分の歴史を背負っているといってもいいかもしれません」**（『スイッチ・オンの生き方』致知出版社）と。

　私たちの存在は、間違いなく宇宙・地球につながっています。ただ、現実の忙しさに追われるとき、意識も小さくなりがちです。でも、私の意識を広げ、この宇宙とつながるセルフイメージを強固にしてくれる脳が、あなたの中にあります。それが間脳です。間脳のことを知ると、自分が宇宙につながる奇跡的存在であるとの思いが深まっていきます。

　間脳は、空の太陽の光に反応し、体内時計を整え、自然のリズムと共鳴させ、心身の健康を支えてくれます。宇宙・地球が私たちを生かし、幸せにしようとすることと全く同じように、間脳は私たちを生かし、幸せにしようとしています。

この間脳が自分の中にあることを認識するとき、宇宙とつながるセルフイメージが定着するようになり、どんな時でも、力強く支えてくれるようになるのです。

第8節

人類文明の行き詰まりを突破する

宇宙・地球は、何十億年もの歳月をかけて、私たち人類に奇跡の命をもたらしました。そして、私たちがこの奇跡の命を有しているということは、ある責任も生じてきます。それは、他の生命とのつながりを認識し、共に共生し、共に成長することの大切さを理解するということです。私たちは孤立した存在ではなく、宇宙の一部として、地球の共同体として共に息づいているのです。

自然界の生態系に大きな影響を与える私たち人類は、地球全体の保護者としての責任を持つべき存在です。しかし、現実には自然環境を破壊している状況があります。森林伐採、大気汚染、水質汚染など、様々な形で地球の生態系に深刻な影響を与えています。

さらに、過剰な資源の消費などによって、地球温暖化や気候変動といった大規模な問題が引き起こされています。

未だに戦争が続き、政治的な対立や紛争の増加、格差拡大、ウイルス問題など、人類の未来に対する不確実性が高まっています。

なぜ、このような問題が起きているのか。また、根源的に解決する方法はないのかと、私は常に疑問を抱いていました。

そこに光が見えたのは、意外なことからでした。

間脳が活性化してくると、高次元世界との連結も可能となります。私の場合、１９

98年にそれが訪れました。チャネリングや啓示といわれるものですが、自分の思いとは違う、別のメッセージが届くようになります。
瞑想していたある時、思いも寄らない方からのメッセージを受信しました。その方は、1955年に他界された天才的科学者・アインシュタイン博士でした。アインシュタイン博士は、次のように語られました。

「宇宙の背後には、強大な愛のエネルギーがあることを私は知っていました。その愛によって現れた人間の本質も愛であること。しかしなぜ醜い争いをし、原爆まで落とすのか、分かりませんでした。
この疑問は、今、解明できました。大脳の文明は限界を迎え、宇宙の愛に通じた間脳が新たな歴史を刻むようになること。これから、間脳開花による愛と調和の世界が現れてくるでしょう。間脳に注目してください」

このメッセージを受信して、優れた知性を有する人類の大脳は、諸刃《もろは》の剣《つるぎ》になる可能性があることを理解しました。諸刃の剣とは、高度であればあるほど、その使い方によって多大な恩恵をもたらすが、一方で、重大なリスクや問題を起こしかねないということです。この大脳の高度な発達により、人類は知識を蓄積し、技術を発展させ、文化を形成してきました。言語、芸術、科学、哲学など、様々な分野での進歩は、大脳の働きの恩恵です。

しかし同時に、知性の脳である大脳は、いろいろな弱点や問題を引き起こしています。情報過多やストレスの増大、激しい競争システム、心の病の急増などが、その一例です。

比較する能力を有するため、自他の比較の中で過度な競争社会が出現し、文明が進むほどストレスが増大し、幸福感から遠ざかる傾向があります。

この知性の脳が諸刃の剣としたら、正しくコントロールすることが大切となります。正しい方向性を示す軸が必要であり、それが、生命脳の間脳となるわけです。私たちの命には、ちゃんと調和する機能が備わっています。間脳は、宇宙とつながり、調和発展する方向性を示すことができる脳なのです。

この間脳には、人が幸福になるシステムが内包されています。幸せになる無限の可能性も有しているのです。大脳という私たちの意識が、間脳を理解し、その幸せシステムを活用できるとき、個人の課題から、人類規模の問題まで解決する道が開けていくのです。

では、複雑に絡み合う様々な問題を解決する糸口を探るために、まず高度に発達した大脳の光と影をさらに深く掘り下げていきます。これによって、自己解放の道筋と、人類が進むべき道の視界が開け、本来の状態に戻る幸せの初期化も見えてくるのです。

第2章

私の初期化を妨げる動き

第1節

高度に発達した大脳の光と影

人類は、もっと豊かに、もっと幸せになることを求めて、文明を発展させてきました。しかし、現実の世界を見渡せば、すべての人が幸せに暮らせる世界とは程遠い状態です。多くの人々が、日々の生活で様々なストレスにさらされ、心が暗くなり、体も辛くなり、苦しみが蔓延《まんえん》しています。この現状を招いた原因は、一体どこにあるのでしょうか。

人類の歴史に目を向けると、争いが絶えず、戦争の火種は消えることがありません。世界は、凶悪犯罪、格差拡大、ウイルス問題など難題が噴出し、さらには、環境破壊による自然災害は深刻化し、光ではなく、闇が人類全体を覆っているかのようです。

この闇は、どこから生じたのでしょうか。

地球に存在する生物の中で、人類のみが調和的な生態系を乱しています。私たちが他の動物と異なるのは、高度に発達した大脳を持っている点です。この大脳は、私たちに多くの可能性と創造力を与えてくれますが、その一方で、自然を傷つけるという側面も有しているのです。

人類の大脳の発達は、他の動物とは一線を画す特別な進化を遂げました。私たちの脳の中で、大脳は重さ的には8割と、脳の大部分を占めています。

知性の脳ともいわれるこの大脳は、高度な知的機能を司り、言語、論理的思考、創造性など、多くの面で人類を他の生物から際立たせています。この進化は、人類に数々の恩恵をもたらす一方で、新たなストレスや課題も生み出しました。ここでは、その「光」と「影」について探っていくことにします。

まず光の部分ですが、今日の科学の急速な進展には、大脳の優れた機能が大きく寄与しています。医療の進化、人工知能の発達、宇宙探査、環境科学、情報通信技術など、これらの進展によって、私たちの日常生活に直接的な恩恵がもたらされています。

医療の分野では、新しい治療法や診断技術が次々と開発され、私たちの健康と寿命を大幅に向上させています。

また、インターネットの普及による情報通信技術の進展は、世界中の人々をつなげ、知識と情報の共有を可能にしました。これらの科学技術の進歩は、私たちの生活を豊かにし、新しい可能性を切り開いています。

私たちの大脳は、環境に適応し、生存と繁栄を追求する中で、「より豊かに」「より便利に」「より賢く」なることを求めてきています。

このように、人類の進化発展を大きく推進した大脳ですが、次に、そのような動きの中で生じている影の部分をみていくことにします。

最新の研究で、他の動物と人類の大きな違いが明らかになりました。それは、人類の特徴として、中脳（脳幹の一部）に加えて、大脳からもドーパミンが放出されるということです。ドーパミンは「やる気ホルモン」ともいわれ、報酬系や快楽、運動制御などに関与しています。動物は主に食物を得たときなどにドーパミンを分泌しますが、人間は複雑な社会的・知的活動によってもドーパミンを分泌するのです。

この最新研究は、ウィスコンシン大学のアンドレ・ソウサ助教がチンパンジーと人間の脳の働きを遺伝子レベルで比較し、人間の大脳新皮質からもドーパミンが放出されることを発見しました。

ドーパミンは、課題が解決されたとき、希望したことが叶ったときなど、嬉しい達成感をもたらします。それによって、さらに努力やチャレンジを促進し、成長することができます。

ドーパミンが分泌されることで、「もっと豊かになろう」「もっと便利にしよう」「もっと高い目標を達成しよう」など、「もっと、もっと」と求める気持ちが生まれます。これは、人類の進化発展において、とても重要な要素です。しかし、一歩間違えると、次々に出てくる課題を解決して、「もっと、もっと」「未来へ、未来へ」と際限なく求め続ける、無限の欲望にもつながることがあります。自然を破壊してでも産業の繁栄を求めるような、不調和な側面が現れる可能性があるのです。

また、ストレス社会といわれる現代において「依存症」にかかる人が増えています。「依存症」は、特定の行動や物質に対する過剰な欲求が制御できず、その結果として日常生活に支障をきたす状態です。この特定の行動や物質が脳の報酬系を過剰に刺激し、これがドーパミンの過剰分泌や枯渇を引き起こすことで発症します。

アルコール依存、薬物依存、買い物依存、スマホ依存、ゲーム依存など、依存症が長引くと、身体的・精神的・社会的な面で様々な支障が生じてしまいます。

このように、高度に発達した知性の脳・大脳には光と影の両面が存在しているのです。

第２節　苦しみを生む比較トラップの原因

ドーパミンの過剰分泌は、比較トラップにも影響します。ここでは、比較トラップによる苦しみと、大脳の働きおよびドーパミンの関係についてみていきます。

ある調査会社が、全国20代～60代の男女１５３７名を対象に実施した調査項目があります。それは、「自分と他人を比べて落ち込むときがある」というもので、「はい」と答えた人は約半数だったそうです。私たちは、どうしても他者と比較し、それが劣等感になったり、優越感になったりします。

「成功しているな」「金持ちだな」「頭がいいな」「才能があるな」「幸せそうだな」……と自分と比較して、「自分はダメだな」と思ったりします。

この現象は、現代の情報化社会の中で、ますます顕著なものとなっています。それは、SNSやメディアを通じて他人の成功や幸せを目の当たりにする機会が増え、それが比較トラップに陥る原因となっているからです。この比較トラップは大脳の働きに影響を受けています。

大脳の特徴として、比較できる能力と、よりよく生きようとする傾向があります。この二つの特性が組み合わさることで、自分は他者よりも優位でありたいという願望を持つようになります。優位であると感じるとき、ドーパミン分泌が促され、さらに優位を目指すようにもなります。より向上しようと努力する動機づけにはなりますが、以下のような負の面も出てきます。

それは、人間同士を比べて、優越感や劣等感が生じるという点です。

優越感と劣等感は、表れ方は違っても、表裏一体の関係にあるのです。

優越感からみていくと、優越感を得ることでドーパミンが分泌され、強い快感として、これを繰り返し求めるようになります。結果として、他者よりも優位であることに依存するようになり、常に優位でなければ満足感を得られなくなる可能性があります。

また、常に他者よりも優位であろうとするプレッシャーは、持続的なストレスを引き起こします。これが心理的な負担となり、不安やうつ病などのメンタルヘルス問題を引き起こすこともあります。

あるいは、自己価値を他者との比較に依存するようになると、自分よりも優れている人に相対した際に自己評価が大きく揺らぎ、自尊心が低下しやすくなるのです。

一方、他者と比較して劣等感を感じる場合、自己否定的な思考が強化され、「自分は何をやってもダメだ」という固定観念が形成されます。これがさらなる劣等感を呼び、悪循環に陥ってしまいます。

慢性的な劣等感によるストレスは、身体的な健康にも悪影響を及ぼし、免疫機能の低下や、消化器系の問題などが生じやすくなります。

このように、劣等感と優越感は、一つのコインの表裏のようなもので、どちらも錯覚あるいは幻想なのです。あなたは本質的に、他の誰かよりも「劣って」いるわけではなく、「優れて」いるわけでもありません。「あなた」は唯一無二の存在です。だから、他の誰かと同じである必要もなければ、他者と比べたり競争する必要もないのです。

もし今、比較トラップに陥っていると感じるなら、「あ〜、大脳がよく働いているんだな」と客観的に捉えましょう。そして、比較の中から価値を見出すのではなく、自分が有している絶対的価値を思い出しましょう。あなたは、奇跡の命を有する奇跡の存在であり、世界にあなたという存在はたった一人しかいないのです。その命の意識をベースに、個性としてのあなた自身を花開かせていくことです。

宇宙のリズムと共鳴させながら、今この時も命を守っている間脳に意識を向け、「今、生きている私は素晴らしい」と呟いてみましょう。

大きな視点から自分を見つめていくとき、揺るぎない絶対的自己肯定感が養われていくのです。

第3節

未来の幸せを求める比較トラップ

大脳の働きによって生じる比較トラップには、今を満たさず、未来を求めるというケースもあります。具体的には、理想的な未来と現在を比較して、今の自分が足りないと感じるということです。

これらの比較は、現状に対する不満を生み出し、幸福感を損なってしまう可能性が生じてくるのです。

例えば、キャリアの面で考えてみましょう。理想的な未来の自分は、重要なポジションに就き、高い収入を得て、社会的な地位も確立しています。しかし、現在の自分はまだその道の途中であり、日々の仕事に追われ、目立った成果もなく、収入も期待したほどではありません。このギャップを強く意識することで、今の自分は何も成し遂げていないと感じ、焦燥感や無力感に苛《さいな》まれることがあります。

これは、未来を求める大脳の働きに影響されています。人間の大脳は、計画を立て、将来を見据える能力を持っています。この能力は私たちが目標を設定し、それに向かって努力するために必要なものですが、同時に理想と現実のギャップを強調し、現状に対する不満を生む原因にもなります。

大脳のこの特性が、未来の理想と現在の状況を比較する傾向を助長し、結果として今の自分を否定することにつながってしまうのです。

これも比較トラップの一つです。未来を求める向上心は素晴らしいものですが、現在の不足や不安を感じる落とし穴があるのです。そして、今の幸せを後回しにし、ストレスに追われながら生きる思考回路が形成されてしまい、その結果、死ぬまでこのサイクルを繰り返すという危険もあるのです。

このような比較トラップを和らげるためには、未来の幸せを求めるだけでなく、今、ここにある幸せに目を向けることとです。特に、命があることへの意識は、私たちの精神的安定を深く支えるものです。

毎朝、目が覚めるたびに、新しい一日が始まること自体が奇跡です。今、存在し、呼吸し、感じ、考え、愛することができる。この命があるという事実だけで、私たちは無限の可能性を持っています。

自然の中で感じる風の爽やかさ、太陽の暖かさ、鳥のさえずり、そして夜空に輝く星々。それらはすべて、今この瞬間に存在しているからこそ感じ取れるものです。

日本には、古くから「中今《なかいま》」という言葉があります。これは、過去・現在・未来の連続する時間の中で、「今」という瞬間がいかに貴重であるかを教える考え方です。今の連続が未来となります。「今、幸せ」と感じることで、幸せな未来も実現しやすくなるのです。今を満たさず、未来を求める比較トラップを見破り、自分の命を意識して、「今、幸せ。そして未来も幸せ」を実現していきましょう。

第４節　ネガティブ・バイアス

幸せな状態を表す言葉を見てみると、「嬉しい」「楽しい」「笑顔」「安らぎ」「喜び」「爽やか」など、明るい状態ですね。その時、間脳から幸せホルモンが分泌して、心もさらに前向きにし、体にも良い影響が出てきます。

私たちの命は、明るい幸せな状態を求めています。

でも、現実にはストレスを抱え、心が暗くなり、思考がネガティブになることも多くあります。自分の性格が暗いのかと思いがちですが、これも脳の働きから出てきているのです。

ネガティブ・バイアスという言葉を聞いたことはありますか。

人はポジティブな情報よりもネガティブな情報に注意を向けやすく、記憶にも残りやすい性質があるという意味です。

具体的にみていくと、会議でプレゼンテーションを行い、多くの同僚から「素晴らしいプレゼンだった」「とても分かりやすかった」と賞賛を受けた中で、一人の同僚が「内容が少し難しかった」とコメントしたとします。すると、ネガティブな意見のほうが頭から離れず、同じ言葉が何度も何度も、まるでエコーのように反響してくることがあります。

これがネガティブ・バイアスです。実は、このような働きは大脳の特徴なのです。悪い情報に対して素早く、強く、持続的に反応するということは、ほとんどの人が無意識に行います。

このネガティブ・バイアスは、ネガティブな事柄に敏感に反応し、それらを記憶に長くとどめて危険から回避できるよう、脳が発達したものと考えられています。危険や害となるものに注意を払い、それらを避けることは重要なことです。けれども現代社会を生きる私たちにとっては、このネガティブ・バイアスが過剰な働きをしがちなのです。

例えば、健康面で気になることが出てくると、悪い病気のように感じて気落ちし、どんどん免疫力を下げてしまうこともあります。

あるいは、人間関係にネガティブ・バイアスがかかると、他人の嫌な面ばかりが目につくようになります。人から傷つけられた経験があると、人を避けたり、信用できなくなり、良好な人間関係が築きにくくなります。

また、自分自身との関係においても、自分を過剰に攻撃してしまったり、他者との比較の中で、自分の足りない点ばかり気になるのも、ネガティブ・バイアスが根底にあります。

この過剰になっている状態から脱するために、自分がネガティブになっていると早めに気づくことも大切です。ネガティブになっているとき、私たちは「ない」ということに注目しがちです。例えば、「楽しみがない」「認めてもらえない」「うまくいかない」「もう若くない」「時間がない」「仕事がない」「できない」など様々ですが、この「ない」を感じるとき、不安と不足感、そして、嫌な気分というネガティブ状態に陥っているのです。

この状態から脱するには、真逆のことに注目します。それは、「今、ある」ということです。「住む家がある」「空気がある」「食べ物がある」「手がある」「目がある」など、「ある」ことに意識を強く向けます。すると、感謝、喜び、いい気分へと転換していけるのです。

この「今、ある」探しの中で、ポジティブな思考を強くサポートしてくれるものがあります。それは、「自分の中に常に命を守ってくれている間脳がある」ということです。そして、間脳を意識すると、今ある自分の命を実感できるようになり、幸せホルモンも応援してくれ、ネガティブ状態を転換できるようになるのです。

第5節

脳内不調和による人類文明の行き詰まり

ここでは、人類全体が直面している問題に目を向けてみましょう。この問題の根源に、人間の脳の中の不調和があることが見えてきます。

間脳は、自然とつながり、自然と共鳴させて命を守る、自然脳です。その中には、自然の叡智、自然の慈愛が詰まっているのです。

一方、先述したように、私たちの大脳は、社会の中でよりよく生きるために発達した脳と表現できます。この高度に発達した大脳は、人類文明を牽引し、便利で豊かな生活を提供してきました。しかしながら、影の面としては、ストレスの多い競争社会が生じ、今日、うつ病の急増が大変危惧《きぐ》されています。

ＷＨＯは、２０３０年に、うつ病が最も多くの人を苦しめる病気になると警告。また、うつ病が世界で最も経済的損失を与える疾患になると予想しています。

これらの背景には様々な要因がありますが、大脳が有する影の部分が色濃く影響しています。いつも何かに追われて生きるような、常により多くの成果や未来の結果を追い求めることで、絶えずプレッシャーを感じ、心の平穏を得ることが難しくなる社会の状況があります。

さらに、デジタル技術の急速な発展によって生活は非常に便利になりましたが、その反面、新たなストレスも引き起こします。あふれる情報の中で、他者との比較、今と未来との比較で生じる歪み。またネガティブな情報の氾濫によって、さらにネガティブ状態が加速し、心身が知らない間に蝕まれてしまうのです。

「人間は、自然から遠ざかるほど、病気に近づく」と近代医学の父と称されるヒポクラテスは語っています。今、まさに、人類全体が自然から離れ、病んでしまっている状態ではないでしょうか。

私たちは自然から生まれていますから、自然とつながった脳があるのです。それが、間脳です。しかし、人間が自然から遠ざかっていると、間脳と大脳が不調和を起こし、人類文明の闇が生じてしまうのです。

2020年12月2日にコロンビア大学で行われた国連事務総長アントニオ・グテーレス氏の演説は、環境問題に対する緊急の対応を促すものでした。彼は**「人間は自然に対して戦争を仕掛けており、それは自殺行為である」**と述べ、人類の行動が環境に対して深刻な影響を及ぼしていることを強調しました。彼は、気候変動、生物多様性の喪失、そして公害が地球を破壊し、持続可能な未来を危うくしていると警告しました。

人類は、他の動物とは比較しえないほど素晴らしい頭脳を有し、地上に人類文明を築いてきました。その活動範囲は地球全域に広がり、ありとあらゆるところに進出しています。しかしその一方、人類の活動によって他の生物の生息域を脅かし、地球環境を破壊し、気候変動まで起こし、様々な不都合を生じさせてきているのです。

第6節

第六の大量絶滅と脳内調和への希望

地球生命史38億年の中で、今日に至るまでに5回の大量絶滅がありましたが、実は、私たちが生きるこの21世紀は、第六番目の大量絶滅期であるといわれているのです。

2015年8月11日付の英科学誌に発表された研究論文は、世界に衝撃を与えました。その内容を伝えるSANKEI EXPRESSの記事には、**「地球では過去5**

億年の間に、恐竜など生物種の大量絶滅期が５度到来したが、現在は６度目の大量絶滅期を迎え、人類を含む全ての種が危機にさらされている－」と記されています。

種の絶滅のスピードを見ると、１００年前は1年で1種の絶滅のペース、それが、１９７５年には1年で１０００種の絶滅、さらに現在は1年に4万種以上の生物が絶滅しており、今後毎年、凄まじい割合で生物が絶滅していくことが予想されます。

この第六の大量絶滅を起こしている原因は明確です。人類が引き起こしているのです。近代の産業革命・工業化以降の歴史を辿ると、人類の欲望が産業を変え、社会を変え、そして自然環境を破壊することを繰り返してきたと捉えることができます。人類が大脳を中心に、より便利に、より豊かにと物質的欲望を満たすべく経済発展を最優先してきた結果が、直面する環境破壊問題の大きな要因となっています。

しかし、この危機状況を大逆転させる要素が、私たちの中に秘められています。それが、自然とつながる間脳です。

自然とつながる間脳を意識し、調和しながら存続する自然の志向を理解する。つまり、間脳を軸として、自然との絆を回復するのです。これが、私たちの意識を司る大脳と間脳の調和です。大脳と間脳が調和するとき、不調和と破壊をもたらす人類文明は、調和と発展へと軌道修正する可能性が出てくるのです。

私たちの脳は柔軟で、絶えず変化し続ける力を持っています。これを「脳の可塑《かそ》性《せい》」といいます。例えば、新しいスキルを学ぶことで神経回路が再編成されることなどが、これに当たります。脳は、私たちが意識的にどのような考えや行動を選ぶかによって、その働きを変えることができるのです。

21世紀、私たちは自然との不調和、人間同士の不調和など、不安の闇が増大する中にありますが、朝陽が昇る前の闇のようでもあります。朝陽が昇ると景色が一変するように、大変革の後に、調和的な光輝く新文明が開いてくる前兆でもあるのです。そして、この変革を可能にする鍵は、私たちの中に歴然と存在する間脳にあります。

間脳には、まだまだ未知なるとてつもない力が内在しています。幸せをもたらす無限の力があり、私たちの意識を間脳に向けるとき、封印されていた力が放たれ発揮されるようになるのです。

大脳と間脳の調和は、人類にとって急務なことですが、実は、日本人は、間脳が活性化しやすい歴史的特性を有しています。特殊な脳を持つ日本人が、人類文明を覚醒する可能性があるのです。

これらの内容をお伝えするのに、まず、間脳についての深い理解が必要になります。そして次に、日常生活の中で実践できる間脳の活性化方法をまとめ、最後に、日本人の重要な使命についてお知らせします。

第３章

私の初期化と間脳について

第1節

24時間休まず働く間脳と、その位置について

まず、間脳の位置から確認してみましょう。間脳は、目の後ろのほう、ざっくりいうと脳の中心部にあります。

間脳は、視床下部《ししょうかぶ》、視床《ししょう》、脳下垂体《のうかすいたい》、松果体《しょうかたい》の四つの構造から成り、それらは連携して生命活動の中核を担っています。自律神経、ホルモン系（内分泌系）、免疫系などの自律機能を調和的に調節し、快適に生きていけるようにしてくれる**「命の脳」**です。

哲学者のデカルトは解剖学も学んでおり、間脳の中に存在する松果体という器官が脳の真ん中にあることからも、大変重要な部分として**「魂の座」**とも表現しました。

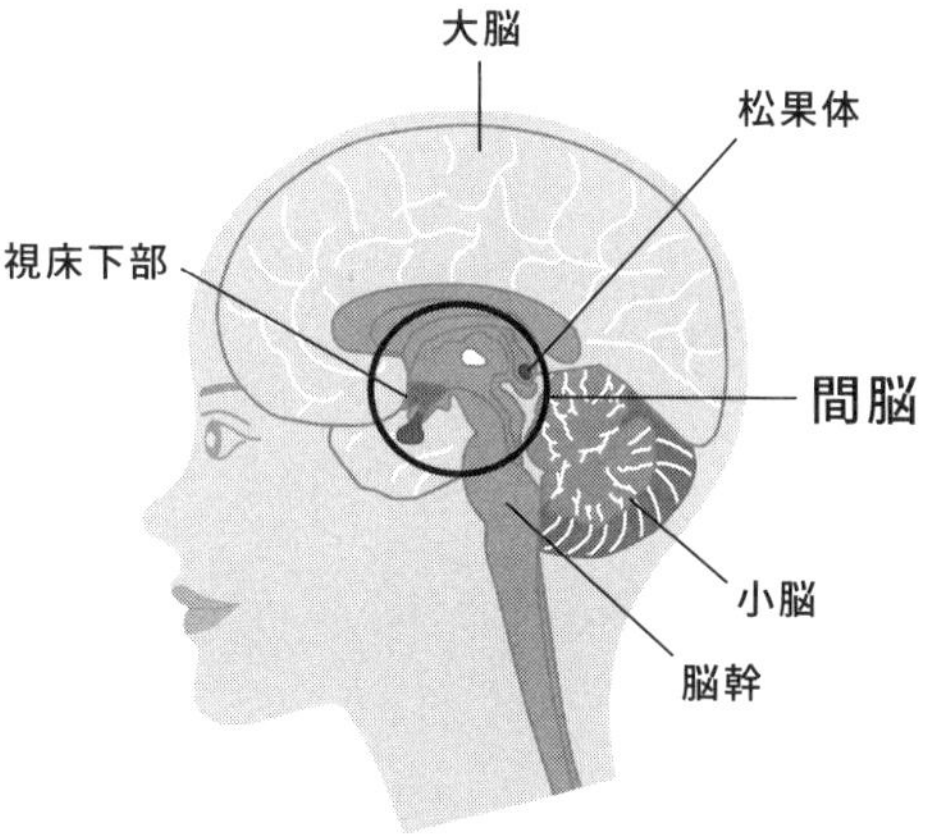

脳の断面図：脳の中心にある間脳

間脳の働きの一つに、体温調整があります。

暑い日には汗がにじみ出て体を冷やし、寒い日には体が震えて熱を生み出します。これは、間脳が汗腺や筋肉に的確な指令を送り、私たちの体温を絶妙に保ってくれているからです。

そのおかげで、人類は極寒の地から灼熱の熱帯地域まで、地球上のどこでも生活できるという適応力を得ているのです。

さらに、ウイルスや細菌が体内に侵入したとき、間脳は免疫細胞からのシグナルを受け取り、高熱を引き起こすように指示をします。高熱はウイルスや細菌が増殖するのを防ぎ、さらに、免疫細胞を活性化させ、病気に打ち勝つようにするのです。

また、間脳は幸せホルモンを分泌して、活き活きと幸せに生きていけるようにしてくれます。逆に、多様なストレス状態にも反応し、生きるための適応能力も高めてくれます。

このように、間脳は様々な状況に対応しながら、私たちの命を守り、昼夜を問わず休むことなく働き続けているのです。

間脳を見つめると、赤ちゃんを不眠不休で守っている母親のイメージも湧いてきます。

私たち人間は、他の動物たちと比べ非常に無力な姿で生まれ、全面的な保護と愛情を必要とします。母親や保護者たちは、赤ちゃんを守るために、夜中に何度も起きて授乳をしたり、おむつを替えたりします。

私たちが今こうして生きているのは、その不眠不休の世話と愛情の賜物《たまもの》です。

目を閉じて、かつての自分を思い浮かべてみてください。まだ小さく、か弱く、無防備だったあの頃、私たちは誰かのやさしい手によって抱かれ、温かい胸の中で守られていました。その手が、どれほどの愛情と献身をもって私たちを支えてくれたことでしょう。

もし、幼い頃に育児が放棄されていたなら、今の私たちは存在していません。私たちの命は、紛れもなくその愛情と献身の中で守られ、育まれてきたのです。

私たちは様々な経験の中、自分は愛されていない、大切にされていないという思いを強めたりします。この思い込みは、自分自身をも愛せないという苦しみを生じさせることにもつながっていきます。

しかし、間脳のことを意識すると、赤ちゃんだった頃、不眠不休で世話をしてもらったように、今この時も、私たちを24時間休まず世話をしている愛情にあふれた存在が自分の中にいることに気づくようになります。それだけであなたは癒され、**「自分はずっと守られている。愛されている」**との温かな思いが芽生えてくるようになります。すると、間脳はその思いに応え、愛情と絆のホルモンと呼ばれるオキシトシンを分泌してくれるのです。

赤ちゃんは、親の愛情を感じることでオキシトシンが分泌され、幸せに成長していくことができます。同じように、今、私たちが幸せになるためには、「私はずっと愛されている」と思い込むことが大切です。自分自身が満たされて初めて、自然に他者へも愛情を分け与え、さらに喜びが循環するようになります。

幸せな人生において、愛情は必須条件です。この必須条件を根底から支えてくれるのが間脳です。夜も休まずずっと私を守り、幸せにしようとする間脳のことを意識すると、「私はずっと愛されている」という温かな感覚と共に、心の安寧が幸せをもたらしてくれます。

どうぞ、脳の中心部に意識を向けて、**「こんにちは。私の間脳。ずっと守ってくれてありがとう」**と呟いてみましょう。すると、自分の命との絆を結び、幸せな絶対的自己肯定感が養われてくるのです。

第２節　幸せをもたらす五感と間脳の関係

幸福感を深めるために、ここからは間脳と密接な関係にある五感について見ていきましょう。私たちには生まれた時から、五感が備わっています。五感とは、視覚、聴覚、嗅覚、味覚、触覚です。この五感からの情報は、まず最初に命を守っている間脳にほとんど送られます。それは、五感の情報が生存に直結していると同時に、幸福感にも密接に関係しているからです。

五感が私たちの心に与える影響を見ると、五感そのものが幸せをもたらす命のシステムであることが分かってきます。五感からの心地よい刺激が間脳に伝わると、間脳から幸せホルモンのオキシトシンが分泌されます。オキシトシンがよく分泌されるようになると、日々、幸せを感じる幸せ体質になっていくのです。

ではここで、五感と幸福感、そしてオキシトシンについて深めていきましょう。

美しい風景を見たときの声が出るほどの心の高鳴り、心地よい音楽に包まれたときの安らぎ、大切な人に触れたときの温もり、そして芳しい花の香りに包まれたときの幸福感。これらを感じるとき、オキシトシンが間脳から分泌され、私たちの人生を豊かにし、心を満たしてくれます。

社会的なつながりもまた、五感によって深まります。友人の笑顔を見て安心し、愛する人の声を聞いて心が温まり、手を握り合うことで温もりが伝わります。これらの感覚が、私たちを支え、励まし、共感を生み出すのです。

人間の五感は、ただの感覚器官ではありません。**五感を通じて、私たちはこの世界の美しさと豊かさを感じ、日々の中に幸せを見つけることができるようになります。**私たちの命には、元々幸せになるシステムが備わっているのです。

ただ、現実の生活に追われ、緊張が続いてストレス過多になると、この五感の感覚が鈍くなる傾向があります。

五感は今の今を感じる感覚ですが、自分の意識が未来や過去に飛んで、不安や心配が強くなると、今を感じる状態から遠のいてしまうのです。

例えば、忙しく、ストレス状態が長引くと、味覚にも影響が及びます。心のゆとりを失い、味わう楽しみから遠ざかることで、気づかぬうちに甘いものや脂っこいもののへの欲求が増し、過食につながることがあります。これは、ストレスが脳の味覚中枢や食欲制御に影響を与えるためです。

私たちが幸せに生きていくためには、五感の感性を高めることが重要です。そのためには、**日々の生活の中で、五感を特に意識するようにしましょう。**「今、私は、これに触れているんだな」「今、この音を聞いているんだな」「今、これを味わっているんだな」と、五感を意識するのです。

すると、五感からの心地よい刺激が間脳に伝わり、それによって幸せホルモンが分泌しやすくなります。この驚くべきメカニズムを意識するだけで、私たちの人生はより豊かに、そして輝かしいものへと変わっていきます。

間脳を意識し、五感を意識することで、自分の脳をストレス脳から幸せ脳へと転換することが可能となります。毎日の小さな習慣の積み重ねによって、自分の脳を幸せ脳へとデザインしていきます。すると、間脳の力も驚くほど活性化し、今、生きている喜びが込み上げてくるようになるのです。

第3節

触覚がもたらす幸福感と間脳の働き

赤ちゃんは、大脳が十分に発達していないので、生命脳である脳幹・間脳が中心となって働いています。間脳と五感は密接ですから、赤ちゃんの五感は大人に比べて非常に敏感です。

この五感の中でも、特に、赤ちゃんの触覚に注目してみましょう。

赤ちゃんの触覚は、五感の中でも最初に発達する感覚です。妊娠8週目頃には、触覚受容器が現れ、妊娠20週目までには、ほぼ全身に触覚が発達します。

赤ちゃんの触覚の敏感さは、まさに幸福の源泉となります。生まれたばかりの小さな体が、お母さんの温かい腕に包まれた瞬間、その触覚は喜びのシグナルを全身に送り届けます。お母さんの肌の柔らかさ、温もりが赤ちゃんの心と体に深い安心感と幸福感をもたらします。

赤ちゃんは触れるものすべてが新鮮で、未知の世界との出会いです。柔らかな毛布に包まれたときのフワフワとした感触、お母さんの手が頬に触れるときのその温かさと愛情が、赤ちゃんの心に深く染み渡っていきます。

触覚を通じて感じるこの無数の微細な刺激が、赤ちゃんにとっての幸せの源となるのです。お母さんとの触れ合いは、単なる物理的な接触ではなく、心と心が通い合う瞬間です。この触覚の体験は、赤ちゃんの情緒を豊かにし、安心感と愛情に満ちた世界を形作ります。

私たち大人にも、幸せの源泉となるこの触覚が備えられています。ストレスでその感覚が抑えられていても、間脳活性と共に「私の初期化」が進み、幸せの触覚も復活してくるのです。

間脳が活性化してくると、特に自然との触れ合いの中で幸福感が増し、触覚を通じて、自然との絆が深められるようになります。例えば、自然の中で肌に触れる風は、触覚を通じて心地よい感覚をもたらします。風が頬を撫で、微風が髪を揺らし、涼しさや爽やかさを与えてくれるとき、やさしい愛情で包まれているような感じになります。

また、川や海、湖の水に触れると、その冷たさや柔らかさが触覚を通じて感じられます。裸足で土や砂の上を歩くと、柔らかい砂やひんやりとした土の感触が、自然との直接的なつながりを感じさせてくれます。

木の幹や葉に触れることもまた、自然との絆を深めます。木の幹に手を当てると、その温かみや固さ、生命力を感じ取ることができます。葉の表面を撫でると、その滑らかさやざらつきが手に伝わり、植物の生命力と自分の存在が結びつく感覚が得られます。

このように、風、水、土、草、木など、自然の要素に触れることで、私たちは自然との一体感を感じ、日常のストレスから解放されます。触覚は、自然と私たちを結びつける重要な感覚であり、この触覚からの心地よい情報が間脳に伝わり、幸せホルモンが分泌されるのです。

私たちの命には、間違いなく、幸せに生きていくためのシステムが存在しています。その中核が間脳です。間脳を意識し、今この時を意識し、五感の感性を高めていきましょう。特に、自然との触れ合いを心がけることで、五感が研ぎ澄まされ、日常の中で忘れがちな感性を蘇《よみがえ》らせてくれるのです。

元々有している私たちの命の初期値は、幸福で豊かで、喜びにあふれています。間脳を意識し、五感を意識して、幸せに輝く初期値を回復していきましょう。

第４節　宇宙とつながる間脳

間脳は、目の後ろのほうにあるので、目から入ってくる宇宙からの光、太陽光に反応します。

間脳が宇宙につながっている根拠の一つは、体内時計です。朝、太陽の光を浴びることで、全身に覚醒が促されますが、その主時計の役割を担っているのが間脳です。間脳は太陽光に反応し、宇宙からの恩恵と共鳴することで、命を輝かそうとするのです。

朝、太陽の光を浴びましょう。間脳活性、そして健康に効果絶大です。特に、太陽光によって、幸せホルモンのセロトニンが分泌され、心と体の健康に大きく寄与します。セロトニンはストレスを緩和し、やる気を起こさせ、脳疲労も軽減してくれ、快眠にもつながっていきます。

このセロトニンの分泌によって、オキシトシンやエンドルフィンといった他の幸せホルモンの分泌も促進され、相乗効果として全体的な幸福感が増していくのです。

セロトニンは、リズム運動、深い呼吸、よく噛む、あるいは感謝することで分泌されます。セロトニンがよく分泌されるようになると、次に、間脳の松果体活性も促されるようになります。松果体は、夜になると、セロトニンを原料としてメラトニンというホルモンを分泌するのです。

このメラトニンには驚くべき健康効果があるのです。

メラトニンは睡眠ホルモンと呼ばれ、朝陽を浴びてから約14時間後に分泌され、寝ている間に体内を修復・調整する働きがあります。朝陽を浴びると、睡眠の質が向上するといわれるのもメラトニンに関係しています。

１９９５年には、アメリカで出版された『奇跡のホルモン・メラトニン』（ラッセル・Ｊ・ライター著）という著書が大きな話題となりました。そこには、癌を防ぎ、免疫系を強化し、不眠症を治し、血圧を下げ、心臓病を予防することにもメラトニンが関わっていることが報告されています。

松果体について、右脳教育で有名な七田眞《しちだまこと》先生は、左脳と右脳の間に〝第三の脳〟とも呼ぶべき間脳があるといわれ、さらに著書の中で、松果体と第三の目について次のように書かれています。

「第三の目は額の中央、目と目の間にあるといわれます。松果体が活性化すると、松果体からその目への回路が開けて、第三の目が開眼することになります。すると急激な変化を起こし、昨日まで平凡だった人がまったく新しい超ヒトに変わります。

なぜでしょう。それは松果体が目覚めると、宇宙のいろいろな波長や宇宙線を受信することができるようになり、松果体を含む間脳の働きが急激に変化するからです」（『知能と創造のサイエンス』日本実業出版社）と。

また、七田先生は、**「脳の中枢は、左脳でもなく右脳でもなく、間脳です。したがって、脳をバランスよく働かせようと思ったら、間脳をしっかり開くことが重要だとおわかりいただけるでしょう」**（『「間脳」自己啓発のすすめ』日本実業出版社）と語られています。

私たちの間脳には、脳内のバランスを回復させ、飛躍させ、幸せをもたらす未知なる可能性が限りなく秘められています。宇宙とつながる間脳を意識していくとき、あなた自身が、自分が奇跡の存在であることを実感していくようになるのです。

第５節

笑顔が間脳を活性化し、免疫力を高める

皆様は今日、何回くらい笑いましたか。10回以上でしょうか。いやいや、そんなに笑っていないという方も多いかもしれませんね。

では、あなたが赤ちゃんだった頃、どのくらい笑っていたと思いますか。一日平均300回とも400回ともいわれます。

赤ちゃんは生後2ヵ月頃から、人の顔を見てニコッと笑うようになります。「いないいないばあ」をすると、赤ちゃんはキャッキャと笑いますね。大人が変な顔をしたり、面白い表情を見せてもよく笑います。このように、私たちは生まれたときから、笑うという能力を授かってきているのです。

大人になってストレスが多くなると、笑顔も遠のきますが、赤ちゃんの笑顔の回数の多さは、命に刻まれている初期値が、とても明るく笑顔いっぱいの幸せであることを教えています。

笑顔は、幸せな人生を生きるための命からの贈り物です。そして、当然のごとく、この笑顔と間脳は密接に関係しています。

笑顔を浮かべるだけで多幸感をもたらすエンドルフィンが分泌され、ストレスが軽減されることが分かっています。緊張感が緩み、自律神経も整っていきます。

さらに、自然治癒力や免疫力にもその効果が表れてきます。私たちが笑うと間脳が活発に働き始め、無数の「神経ペプチド」という情報伝達物質を作り出します。楽しい笑いの情報は、善玉ペプチドとして体内に放出され、それによってＮＫ細胞が活性化してきます。このＮＫ細胞は、癌細胞を攻撃する働きがあるのです。

「笑いは神様がくださった万能薬」「笑う門には福来る」といわれるように、笑うことは心身の健康に絶大な効果をもたらしてくれるのです。

口角を上げるだけでも、間脳は反応しますので、ニコッと口角を上げることを心がけてみましょう。とても手軽な健康方法ですし、間脳活性を促してくれます。

笑顔は、人生を豊かに幸せにする命からのプレゼント。

私たちは、「ありがとう」というとき、自然に笑顔になっています。ぜひ間脳を意識して、命への感謝を深め、笑顔の回数を増やしていきましょう。

「今日も生きている、ありがとう」とニコッとするだけで、間脳は反応し、さらにあなたを幸せにする未来も運んできてくれるようになるのです。

第6節

呼吸が変わると人生が変わる

私たちは、一日に約2万回以上も呼吸しています。吸って、吐いてと自動的にしているので、あまり意識しませんが、この呼吸は心のストレスと密接に関係しています。

「呼吸が変わると人生が変わる」といわれますが、これは呼吸が人生に影響するほど重要なものという意味です。呼吸の仕方によって、ストレス状態も改善し、人生のパフォーマンスを上げることができるのです。

私たちがストレスを感じると呼吸数は増えてきますが、このメカニズムをみていきましょう。

私たちが不安や恐怖心を感じると、扁桃体が反応します。扁桃体は、危険な状態から私たちの命を守るために、生体警報システムの機能を担っています。例えば、急に車にぶつかりそうになった場合、とっさに逃げようと体が反応します。この動きを主に行わせているのが、扁桃体です。扁桃体は、０・０２秒ほどという一瞬の速さで、危険から身を守ってくれるのです。


ストレスを検知した扁桃体は、その危険な状態から「逃げる」か「戦う」かの態勢をとらせます。

この「逃げる」か「戦う」かの態勢において、自動的に心拍が速くなります。この心拍を速くすることで、いち早く逃げる力や戦う力を出そうとします。

身近なことでは、人前で話すとき、緊張して心臓がドキドキしたりします。これも不安や緊張を察知した扁桃体によって、心拍が速くなっているのです。あるいは、過去の人間関係での誤解や争いを悔やむことで、そのときのストレスが蘇り、心拍数が上昇することもあります。

さらに、心拍と共に、呼吸も速くなります。これがストレスを感じると、呼吸が変化するという流れです。

緊張や不安、ストレスを感じると速く浅い呼吸になりますが、リラックスしているときはゆっくり深い呼吸になります。ですから、浅く速い呼吸は、ストレスを感じやすく、不安やストレスの悪循環を引き起こすことがあるのです。

現代の生活はストレスが多く、日常的に呼吸が浅くなりがちです。長時間のデスクワークやスマートフォンの使用など、姿勢が悪くなることがあり、それが浅い呼吸を促進します。

浅い呼吸は、知らない間に、隠れ酸欠を引き起こします。隠れ酸欠が起きているときの症状として、疲労感が取れない、免疫力の低下、認知症やうつ病への影響、肥満、睡眠障害、幸福感の低下などが現れてきます。

心と体の健康に悪影響を及ぼす可能性があるため、深い呼吸を習慣化することはとても重要なこととなります。

日頃から、深呼吸や腹式呼吸を練習し、意識的に深くゆっくりと呼吸することを心がけていきましょう。

外に出かけたとき、ふと立ち止まって青空を見上げ、ゆっくりと深呼吸してみてください。澄み渡る青空の色は、心に深い癒しをもたらし、あなたの心は穏やかになります。

深い呼吸をすることで、脳波はリラックスした状態のアルファ波に変わり、心地よい安らぎが広がっていきます。そして、脳の奥深く、間脳から幸せホルモンが分泌され、心と体の健康をやさしく促進してくれるのです。

第7節

間脳活性の呼吸法

赤ちゃんは大脳がまだ未発達で、生命脳である脳幹・間脳が主に働いています。この赤ちゃんの様子が、私たちの初期値を教えてくれる大きな手だてになります。

赤ちゃんの呼吸法は、腹式呼吸です。赤ちゃんを観察すると、お腹がペコペコ小刻みに動いて呼吸しているのが分かります。赤ちゃんは腹式呼吸をすることで、自然と落ち着いた状態を維持することができるのです。

また、赤ちゃんはよく笑います。笑うことで間脳が活性化し、幸せホルモン、成長ホルモンの分泌も促されるのです。

このような赤ちゃんの姿から学ぶ間脳活性呼吸法を、「スマイル赤ちゃん呼吸法」と呼んでいます。ぜひ、実践していただいて、間脳活性と共に、ストレスを軽減し、心身の健康を増進していただければと思います。

この実践方法の前に、スマイル法として、口角を上げることの効果を先にお伝えします。

鏡の前で、ニコッと口角を上げてみてください。すると、鼻腔も一緒に広がるのが分かります。これは鼻呼吸がしやすい状態となります。私たちにとって、鼻呼吸が自然な呼吸です。当然、赤ちゃんは鼻呼吸です。ミルクを飲みながら呼吸をするので、生まれながらに鼻呼吸をしています。

息を吸い込むときは、必ず鼻呼吸です。私たちの顔の中央に鼻がありますが、この鼻は自然に備わっている高度な空気清浄機でもあります。

鼻の働きとして、空気中のウイルスや雑菌など、鼻の中のフィルターを通過することで除去しようとします。乾燥した空気は、鼻を通ることで適度な湿度を保ち、冷たい空気は、肺に負担をかけない温度に温められます。まさに、高度な空気清浄機です。

ところが現代人は、鼻呼吸ではなく口呼吸が増えてきています。特に、新型コロナウイルスの流行によってマスク生活をするようになり、口呼吸しがちになっているのです。

この口呼吸にはデメリットが沢山潜んでいます。まず、ウイルスや病原菌が直接気管に入ってくるので、病気にかかりやすくなります。風邪をひきやすいという方は、口呼吸の可能性があります。

次に、口呼吸は口の中が乾燥し、唾液が不足しがちになります、この唾液が不足すると、むし歯や歯周病にもなりやすくなります。朝起きたときに、口の中がカラカラになっている場合など、口呼吸を疑ってみてください。

また、口呼吸では、顔にシワやたるみができやすくなります。口を閉じるには、口輪筋などの筋肉を使用しますが、口呼吸でこれらを使わないと、ほうれい線が深くなったりと老け顔になる傾向があるのです。

ぜひ、ニコッと口角を上げることを心がけ、口呼吸から鼻呼吸へと転換していきましょう。

この口角を上げるスマイルと、赤ちゃん呼吸＝腹式呼吸を合体させたのが、間脳活性を促す「スマイル赤ちゃん呼吸法」です。

「スマイル赤ちゃん呼吸法」の手順です。

①背筋を伸ばして、肩の力を抜いて、リラックスします。

②口角を上げた状態で、軽く鼻から息を吸って、そしてゆっくりと8秒ほどかけて、鼻から息を吐き出します。このとき、お腹をへこませるイメージです。

③ 口角を上げた状態で、4秒ほどかけて鼻から息を吸います。
このとき、お腹を膨らませるイメージです。
④ 1分ほど続け、無理しないようにしながら、徐々に長くしていきます。
⑤ いつでもどこでも簡単に実施して習慣化するとよいでしょう。
⑥ 吐くときに、「ありがとう」と心の中で言いながら行ってもよいでしょう。

「ありがとう」の言葉は、ストレスを軽減し、幸せホルモンを分泌しやすくする効果があります。

もし、忙しくて呼吸法ができないときなどは、口角を上げることだけでも習慣化するとよいでしょう。

この小さな動作が、実はあなたの間脳にポジティブなシグナルを送り届けます。

どんなに困難な状況でも、口角を少し上げるだけで幸せホルモンが働いてくれ、魔法のように心が軽くなっていきます。だから、辛いときこそ、あなた自身に笑顔を贈ってください。その小さな笑顔が、あなたの心を癒し、希望を取り戻す一歩になるのです。

第8節

自然と自分の心をつなぐ「息」

間脳活性のための呼吸法をお伝えしましたが、この呼吸について、もう少し深くみていきましょう。

皆様は、いつから呼吸をし始めたと思いますか。お母さんのお腹の中にいた胎児のときからだと思いますか。

実は、胎児の頃、肺呼吸はしていなくて、お母さんのへその緒を通して栄養と酸素をもらっていました。

そして「オギャー」と生まれ出たその瞬間から、肺呼吸が始まるのです。

赤ちゃんの肺に初めて空気が入った瞬間、産声と共に肺が膨らみ、新鮮な酸素が体内を巡り始めます。**赤ちゃんの初めての一呼吸が、この世界に生きるという奇跡を完成させるのです。**

精一杯大きな声で「オギャー」と泣き、そこから空気を吸い始めるという感動的瞬間。私たちは、このような奇跡的光景の中で、誕生してきているのです。

奇跡という点では、地球に空気があること自体が奇跡的なことです。

私たちが毎日無意識に吸っている「空気」について見つめ、感動的気づきを深めていきましょう。

遥かなる太古、地球はまだ荒れ狂う火と岩の塊に過ぎませんでした。しかし、長い時を経て、海が生まれ、大地が整い、そして生命が芽生えました。微細な植物たちは酸素を作り出し、ゆっくりと大気を形成していきました。この大気こそが、私たちが今日、何気なく吸い込む「空気」の始まりです。

空気は目に見えず、手に取ることもできませんが、確かにそこに存在し、私たちの体を潤してくれます。深呼吸をすれば、胸いっぱいに広がる新鮮な空気が、体中の細胞に生命力を吹き込んでくれるのです。

さらに驚くべきは、この空気が無尽蔵にあることです。私たちがどれだけ吸い込んでも、空気はなくなることなく、絶えず私たちに供給され続けます。これは、地球という母なる星の限りない愛情と、自然界の神秘的なバランスの賜物です。空気は、地球が私たちに与え続ける無言の贈り物なのです。

考えてみてください。一つひとつの呼吸が、何億年もの自然の歴史とつながっていることを。私たちが吸う空気は、遠い昔に存在した植物たちが生み出し、今もなお地球全体に満ちています。この壮大な時間の流れの中で、私たちは今、ここに存在し、呼吸し、生きているのです。

空気という存在、それはただの酸素と窒素などの混合物ではありません。それは、地球と私たちすべての生命とのつながりを象徴する、神秘的で感動的な存在なのです。

空気があり、その空気を呼吸して生きていることは当たり前のようですが、何億年もかけて存在している空気を吸うことができると思うと、ありがたいという幸せな思いになってきます。

自然は、驚異的なシステムで私たちの命を守ってくれています。

当たり前のように存在している自然、当たり前のようにしている呼吸。この当たり前と感じていることに感謝することは、その背後にある奇跡を見つけることです。

そして、日常の当たり前に感謝することで、私たちの間脳から幸せホルモンが分泌されます。感謝することは、幸せな人生を開く強力な思考方法です。私たちは幸せになることを願いますが、どのような思考をするかで、幸・不幸が分かれていくのです。

また、毎日の思考習慣は、脳の構造と機能を大きく変える力も有していきます。自分自身で、意識的に幸せをもたらす思考習慣を身に付けることは、とても重要となります。

次の章では、幸せをもたらす思考習慣、間脳を活性化させる発想方法についてお伝えします。

第4章

私の初期化を促す間脳発想法

第1節

考え方によって人生が変わる

私たちは、どのような考え方、あるいは思考習慣を持つかによって、人生が大きく左右されます。例えば、ポジティブな思考習慣は、人生の様々な困難や試練に直面したときに私たちを支える大きな力となります

一方で、ネガティブな思考習慣として、自己否定や悲観的な見方は、心の中の光を遮り、幸福感を徐々に奪っていきます。ネガティブ思考は慎重さや危険回避には有効ですが、積極的で前向きに生きることにブレーキをかけ、可能性を奪ってしまうことがあります。

人生は、私たちがどう感じ、どう考えるかで大きく変わってしまうのです。

ポジティブな思考を持つこと。それは、私たち自身を幸福へと導く力であり、より充実した人生を築くための鍵となります。

そして、この積極的で明るい思考は、命の脳である間脳を意識することで身に付いていきます。

命に元々宿っている私たちの初期値は、とても明るく、積極的なものだからです。

赤ちゃんは生きることに前向きで、超ポジティブです。絶対に諦めない。これが命に刻まれている初期値の姿です。

その様子を見てみると、寝ているだけで何もできない赤ちゃんが、時間と共に少しずつ世界と触れ合い始めます。寝返りを打ち、手を伸ばし、足を動かす。その一つひとつの動きは、命が前へ進もうとする強い意志の表れです。

ハイハイを始めた赤ちゃんは、壁の向こう側に何があるのか、床に転がるおもちゃにどうすれば手が届くのか、赤ちゃんは常に挑戦し、成長を続けます。失敗を恐れず、何度も何度も立ち上がるその姿は、命が持つ本質的なポジティブさを象徴しています。

このように、私たちの命は、ポジティブで前向きな力にあふれていることを示しています。そして、この命が求める方向性と一致して思考する考え方、これが間脳発想となります。間脳発想によって、どんな状態でも前向きで、積極的に自分の人生を開いていくことができるようになるのです。

稲盛和夫先生は、考え方一つで、仕事や人生の成功が大きく左右されると語られていますが、まさに「間脳発想」と共通した考え方です。

稲盛先生は、京セラをゼロから創り上げ、ＫＤＤＩを成功に導き、破綻していた日本航空の経営を復活させました。この稲盛先生の軌跡は、その考え方に強い力があることを如実に物語っています。

稲盛先生の人生の物語は、挫折と苦労の連続でした。しかし、決して諦めず、どんなに厳しい状況でもポジティブな考え方を持ち続けました。困難は挑戦であり、試練は成長の機会と捉えていかれました。稲盛先生は間脳がとても活性化されていた方だと、私は確信しています。

その純粋なお姿を拝見しても、赤ちゃんがただひたすら前向きに生きようとする命の意志と全く共通しています。

稲盛先生は、その哲学の中で、「感謝」すること、また「利他」の思いの重要性を語られています。慈愛の意味にもなる利他について、**「利他、他人を良くしてあげようという優しい思いやりをベースに経営していきますと、会社は本当に良くなります」**（『成功の要諦』致知出版社）と語られています。

そして利他は、「宇宙の心」と同調・共鳴し、自ずと物事を良い方向へと導くともいわれています。この宇宙とつながっているのが間脳です。稲盛先生は、人生の成功において、「利他」「感謝」「肯定的思考」が重要であることを説かれていますが、この三つが、間脳を活性化させる発想方法となるのです。

宇宙と共鳴し、間脳を活性化させる発想法、**「感謝」「肯定」「利他」**。この内容について、それぞれを深く見つめていきます。

第2節 間脳発想法「感謝」

感謝することの大切さは、多くの方が語られています。

稲盛和夫先生は、**「感謝すれば、厳しさもまた財産になる」**（『心。』サンマーク出版）といわれています。

作家の小林正観《せいかん》先生は、**「そして、『人間』にとって、『すべての存在』を味方につ**

けられるオールマイティの方法論が『ありがとう（感謝）』のようです」（『ありがとうの奇跡』ダイヤモンド社）と書かれています。

さらに、遺伝子研究で有名な村上和雄先生は、**「私は、高い志、感謝、プラス思考が遺伝子のスイッチをオンにすると言ってきました」**（『人間　この神秘なるもの』致知出版社）と述べられています。

あるいは、実際に「ありがとう」を10万回唱えたら、癌が消えたという報告もされています。

感謝することは、間脳を活性化させます。自律神経を整え、免疫力がアップし、幸せホルモンの分泌へとつながっていくのです。

ここから、感謝することのメリットをさらに具体的にみていきましょう。

まず、感謝の気持ちを持つことは、ポジティブな思考を促進します。感謝の対象を見つけることで、私たちは日常生活の中で経験する良いことに目を向け、それを再認識することができます。これにより、否定的な出来事やストレスに対する視点が変わり、生きる力が湧いてきます。

次に、感謝の実践は人間関係を良好にします。他者への感謝を示すことで、相手との関係が深まり、信頼と親密さが増します。強固な人間関係は、社会的サポートの源《みなもと》となり、孤独感や不安感の軽減に寄与します。

さらに、感謝は自己肯定感を高める効果もあります。自分自身の命への感謝は、絶対的自己肯定感を養ってくれます。

感謝の実践を日常生活に取り入れることで、ポジティブな思考、人間関係の強化、自己肯定感の向上、そして身体的健康の改善にもつながっていくのです。

感謝することを習慣化するために、感謝日記をつけることはとても有効です。毎日、感謝できることを三つほど書き留めるという習慣です。感謝日記を毎日つけることで、幸せを感じる脳の神経回路が強化され、幸せ脳へとデザインされていきます。

もし書くのが難しい場合は、夜寝る前に、今日一日の中で感謝できることを思い出してみましょう。そうすることで、間脳から幸せホルモンが分泌され、寝ている間に心と体のメンテナンスを促進してくれます。

これまで当たり前と見過ごしていることに感謝するようになると、日々、多くのことに感謝する機会を見つけることができます。ご飯が美味しく食べられること、住む家があること、電気がつくこと、などなど。これらの小さな出来事一つひとつが、実はありがたいことなのです。

「感謝」の思い、それは、間脳に刻まれた幸福な初期値を回復させる重要な誘導因子となるのです。

第3節

二種類の感謝

皆様は、**「人は幸せだから感謝するのではなく、感謝が人を幸せにする」**という言葉を聞いたことはありますか。

これは、幸せな出来事や良いことが起こったときに感謝するというよりも、先に感謝の気持ちを持つことで、人は幸せになるという意味です。

感謝と幸福は密接な関係にありますが、実は、この感謝と幸福には、大きく二種類があります。

二種類の感謝とは、**未来を求める「条件的感謝」**と、**今を満たす「無条件的感謝」**です。この二種類の感謝では、分泌される幸せホルモンの内容も変わってきます。

未来を求める「条件的感謝」は、ドーパミンが分泌しやすく、「ヤッター」という達成感を伴う幸福感です。

一方、今を満たす「無条件的感謝」では、セロトニンが分泌しやすく、今ある状態に「ありがたいな～」と感じる幸福感です。

まず、条件的感謝の場合、目標を達成してドーパミンが分泌されるので、強い幸福感となり、自己実現や成功を追求する強い動機づけとなります。

ただ、条件的感謝は、未来の成果や利益に依存するため、ストレスが生じやすい面もあるのです。

あるいは、「将来成功したら幸せ」という条件的感謝に傾くと、今、現在の小さな幸せや成功を見逃してしまいがちです。それにより、日常生活の中で満足感や幸福感を感じにくくなり、持続的なストレスを感じる原因ともなるのです。

この条件的感謝のストレスを軽減するには、無条件的感謝の機会を増やすことです。無条件的感謝を取り入れることによって、感謝の気持ちが「今という時」に根ざすようになります。これにより、未来の結果や見返りに依存しない純粋な感謝が生まれ、心が安定してくるのです。

ぜひ、この無条件的感謝を深めていきましょう。

今この時、感謝できるようになると、未来の感謝する事柄を引き寄せるようにもなるのです。

無条件的感謝を深めるために、とても良い方法があります。それは、自分自身の命について見つめることです。なかなか感謝する対象が見当たらないという方も、これによって、感謝の思いは確実に強くなります。

では、私たち自身の命について見つめてみましょう。

私たちの命は、奇跡の連続によって支えられています。その中心には、絶え間なく鼓動する心臓があります。心臓は、一瞬一瞬、規則正しく血液を全身に送り続け、私たちの体を生かしています。

私たちの肺は、毎日新鮮な空気を取り込み、酸素を体中に送り届けます。呼吸するたびに、私たちを自然とつなげ、その中で命を息づかせています。

肝臓、腎臓、胃腸などの内臓もまた、私たちの健康を保つために昼夜休まずに働いています。食物を消化し、栄養を吸収し、不要な物質を排出する。この連続したプロセスが、私たちの体を清浄に保ち、命を維持してくれています。

私たちの体内で日々起こっているのは、壮大なドラマです。そして、これらの生命活動の中枢にあるのが、間脳です。間脳を意識することは、自分の命を意識することなのです。

自分の内側に意識を向け、命の営みを感じることは、人生の最も重要な気づきなのです。

お金を得ること、仕事での成功、社会的評価、それらも重要な財産ですが、どんな状況でも私たちに幸せをもたらす心の財産は、日常の中の小さな感謝に気づく力です。こうした感謝の気持ちが間脳を活性化し、幸福、健康、成功を引き寄せてくれるのです。

自分の命に対して、あるいは、生かしてくれている自然への小さな感謝を積み上げていきましょう。間脳に秘められている幸せの初期値が、「こんにちは」と笑顔で現れてくるようになります。

第4節　間脳発想法「肯定」

間脳を活性化させるためには、肯定的、明るくポジティブな発想がとても大切になります。これは、私たちの命そのものが、明るく肯定的な志向性を有しているからです。

この明るく肯定的な志向性は、人間の命だけではなく、自然界の中で生きる植物たちからも見ることができます。

皆様は、屋久島の縄文杉をご存知ですか。この縄文杉は、固い岩盤に徐々に徐々に根を張り、数千年もの時を超えて成長し続けている巨木です。縄文杉のたくましい姿は、自然の力強さと共に、困難な状況を乗り越えて生き抜く力を象徴しています。自然界の命には、とても強く前向きな力が内在しているのです。

もっと身近な日常生活の中では、雑草がコンクリートを割って出てくる姿を目にします。

小さな植物が、日差しの届かない暗闇の下であっても、水分や栄養が乏しくても、その種は根を張り、成長する道を見つけ出します。そして遂には、コンクリートの小さな亀裂を見逃さず、そこから力強く芽を出し、光を求めて伸びていくのです。

私たちも自然から生まれた存在です。その自然とつながっている脳が間脳です。ですから、間脳には、どんな困難な状況でも生き抜こうとする、明るく積極的な力が内在しているのです。

この間脳の志向性と一致する発想法は、前向きで肯定的な肯定発想となるのです。

生きていく中で、「物事を明るく捉えるとストレスが溜まらない」「肯定的なプラス思考が、健康にも良い影響を与える」ということはよくいわれます。

医師である春山茂雄先生が書かれた『脳内革命』（サンマーク出版）という本の中には、**「いつもニコニコして物事をよいほうへ、よいほうへととらえていると、脳内には脳細胞を活性化し体を元気づけるよいはたらきのホルモンが出てきます。これらのホルモンは若さを保ち、ガン細胞をやっつけ、人を楽しい気分にさせてくれます」**とあります。

間違いなく、私たちの命は、明るい肯定発想を希望しているのです。

しかし、現実には、ネガティブなニュースや否定的な情報が多く氾濫しています。それに影響を受け、ついネガティブに陥ってしまいがちです。大脳のネガティブ・バイアスもあり、不安やストレスが先行して、ネガティブな自動思考に振り回されることも多々あります。

皆様は、「3対1の法則」について、聞いたことはありますか。ポジティブ心理学での研究で、ネガティブな感情はポジティブな感情よりも3倍成長しやすいといわれます。ですから、研究によると、幸福を感じるには、ネガティブな感情を一つ感じたら、それに対して三つ以上のポジティブな感情が必要となります。

明るい思考を意識しないと、知らない間にネガティブになってしまうのが普通なのです。

健康問題、経済問題、人間関係の悩みなど、つい心が重くなり、ネガティブ感情に振り回されてしまいます。その結果、ストレスホルモンであるコルチゾールの分泌が増進され、さらなるストレスや不安を引き起こします。これにより悪循環に陥り、ますますネガティブな感情に囚われてしまうのです。

この悪循環から脱するには、どうしたらよいのでしょうか。

それは、あなたの命を守っている間脳は、とても明るく、前向きで肯定的な力を有していることを思い出すことです。私たちの命には、生まれながらにたくましく生きる力、輝く力が内在しているのです。

間脳は、明るい太陽の光に反応する脳です。太陽の光を取り入れて命を輝かす光の脳です。

自分の中に、光の脳があり、どんな闇に覆われても、光のほうへと誘導してくれるということを意識してください。これが肯定発想の原点です。

前章で、朝、太陽の光を浴びることをお薦めしましたが、朝陽を浴びながら、「私は光」と心の中で呟いてみましょう。光の脳である間脳が、より活性化するようになります。間脳は潜在意識とも関係しており、その活性化により、願うことが叶う体質へと変化していきます。夢、成功、お金、健康、人間関係など、願うほうへと間脳が誘導してくれるのです。

間脳を意識しながら、願う未来の明るいイメージをするとき、間脳がそのイメージを現実化するという働きも起きてきます。間脳ナビゲーションシステムと表現していますが、身近なことから大きな夢まで実現させるシステムを間脳は有しているのです。

これは、「引き寄せの法則」とよく似ています。引き寄せの法則は、宇宙を支配する強力な法則といわれますが、間脳は宇宙につながっている脳です。したがって、間脳を意識し、間脳発想法を活用すると、「引き寄せの法則」が、より効果的に働くようになります。

例えば、希望を叶えるためのヒントがひらめいたり、気づくということが頻発するようになります。あるいは、考えもしなかったアイディアやシンクロ現象（意味のある偶然の一致）が起きて、小さな奇跡から大きな奇跡まで体験していくようになります。

それに加えて、ありがたいのは心配事が大幅に減ることです。日々の小さな心配事や将来の不安など、間脳ナビゲーションシステムを活用することで、安心感へと転換することができます。すると、安心した幸せな現実が引き寄せられてくるのです。「今、幸せ。そして未来も幸せ」を実現してくれる。それが、間脳ナビゲーションシステムなのです。

第5節

肯定的な口癖で人生を変える

一つの言葉が、時には幸せをもたらし、時にはその逆を招くこともあります。言葉や口癖は、私たちの人生を変える驚くべき力を持っています。

そして、その背後には命を守る間脳の働きも深く関わってくるのです。

間脳は明るいポジティブな言葉を喜びますが、例えば、**「私は生きている、素晴らしい」**と毎日、口にしたとします。すると、間脳が活性化し、幸せホルモン分泌へとつながっていきます。

あるいは、**「生きてるだけで丸儲け」**という言葉もとても効果的です。これは、「生きていること自体に大きな幸運や価値がある」という意味です。そして、どんなに困難な状況でも、生きていることに感謝し、前向きに生きることを後押ししてくれるのです。

このシンプルな言葉が、間脳を活性化させ、心に深く響き、日々の生活に前向きなエネルギーをもたらします。ポジティブな言葉は、エネルギーそのものなのです。

長い間、自己嫌悪や不安に苛まれていたある人が、**「私はできる」「毎日が新しいチャンスだ」**という口癖を実行したとしましょう。最初は単なる言葉に過ぎなかったかもしれませんが、繰り返すうちにその言葉が潜在意識に浸透し、自己肯定感を高めていきます。言葉が心に根付き、やがて行動が変わり始めるのです。

言葉は目に見えないけれど、人生を変える力を秘めています。私たちが口にする言葉は、未来の自分を形作る重要な要素となるのです。

ただ、口癖は無意識のうちに使われるため、知らない間にネガティブな言葉を繰り返している場合も多々あります。「どうせ無理」「もう疲れた」「なんで自分ばかり」「もう年だから」「どうせ変わらない」などなど。それに気づき、意識的に変える努力が必要です。自分の口癖を見直し、ポジティブな言葉に置き換えることで、日常生活や人間関係、自己成長に大きな変化をもたらすことができるのです。

「いいことだらけ」を口癖にしていたら、本当に良いことばかりが起きてきたという体験があります。これは、間脳が分泌する幸せホルモンや潜在意識と深く結びついているからです。

毎朝「今日はいいことだらけ」と声に出すようにすると、脳内の幸せホルモン、特にセロトニンやドーパミンが適宜に分泌されるようになります。これらのホルモンは気分を高め、前向きな感情を引き出す効果があります。その結果、その人の一日が自然と明るくなり、周りの出来事もポジティブに感じられるようになります。

さらに、潜在意識の力もこの変化に寄与します。潜在意識は私たちの行動や思考の多くを無意識のうちに導いています。「いいことだらけ」と繰り返すことで、その言葉が潜在意識に深く刻まれます。潜在意識はこのメッセージを受け取り、実際に良いことを引き寄せるような行動や選択を自然に促すのです。

また、自分には「いい事ばかりが起きる」との信念を持つと、ポジティブなチャンスを得られたり、また人々に対してよりオープンになり、自分自身に対する肯定的な態度が強化されます。新しい仕事の機会や素敵な出会いも、こうした前向きな姿勢のおかげで増えていきます。

逆に、予期せぬ困難なことが起きても、**「ピンチはチャンス」**と転換し、乗り越えやすくなります。**「幸せは不幸の顔をしてやってくる」**という言葉もありますが、これは不幸に見える出来事が、実は後になって大きな幸せをもたらすことがあるという意味です。同じ出来事も、ポジティブに捉えると未来が開け、このような積み重ねが本当に「いいことだらけ」の日々を実現していくのです。

このシンプルで小さな習慣が、大きな変化につながっていきます。ポジティブな言葉や口癖を意識的に選び、毎日の生活に取り入れていきましょう。

あなたを最高に輝かそうとしている間脳が喜び、間脳があなたを応援し、さらに豊かで幸せな人生が花開いていくのです。

第6節

間脳発想法「利他」

利他とは、他者の利益や幸福に貢献することを意味します。また、自利は、自分自身の利益や幸福を求めることです。利他と自利は一見対立する概念のように思われがちですが、実際には相互に補完し合っています。例えば、他人を助けることで自分も満足感や幸福感を得ることができるため、利他行動が結果的に自利にもつながるのです。

この利他と自利を調和させ、幸福感を高めてくれるホルモンがあります。それが、間脳から分泌されるオキシトシンです。

例えば、困っている人を助けたりするとオキシトシンが分泌されます。すると、自分自身の心にも喜びが広がり、互いに幸せを共有することができるのです。オキシトシンは、私たちが他者とつながり、共に成長し、より良い社会を築くための力を与えてくれるのです。

社会生活において、利他と自利が調和するとき、個々の幸福も社会全体の幸福も共に高めることができます。しかし現代社会においては、このバランスが大きく崩れている傾向があります。

例えば、経済的な不安や社会的なプレッシャーが強まる中で、自分自身を守ることに必死になるあまり、他者への配慮を忘れてしまいがちです。競争社会では、他者の成功を自分の脅威と感じることも多く、協力よりも対立が生まれやすくなるのです。

しかし、自然とつながる間脳は、利他の重要性を教えています。その象徴がオキシトシンですが、自然界は調和によって成り立っているのです。

この利他の思いの重要性について、特に強調されたのが稲盛和夫先生です。稲盛先生は「利他」について、次のように語られています。

「利他の心をもち、よき行いをすることは、おのずと運命を好転させることにつながる。宇宙にはそのような〝因果の法則〟が、厳然と存在しています。
このことはまた、次のようにいってもよいでしょう。
宇宙には〝利他の風〟が吹いている。大きな帆を掲げてその風をふんだんに受ければ、よき運命の流れに乗ることができ、人生がよりよい方向へと導かれる」（『心。』サンマーク出版）と。

利他を実践すると、運命が好転する。それは、宇宙には利他の風が吹いているからと説かれています。そして、稲盛先生ご自身が、この利他の信念を実践して、数々の成功を収め、その正しさを証明していかれました。

利他と聞くと自己犠牲のような印象を持ちがちですが、そうではなく、調和的宇宙のシステムが利他で成り立っているという面があります。このことを、稲盛先生は「宇宙には利他の風が吹いている」と語られたのです。

利他を理解することは、宇宙が求める方向性と一致し、宇宙と共鳴して、運を開くことにもつながってきます。このことを理解するために、まず、宇宙の成り立ちと利他の関係についてみていきましょう。

宇宙の幕開けは、約１３８億年前、ビッグバンに遡《さかのぼ》ります。その瞬間、無数の素粒子が生まれ、エネルギーが宇宙全体に広がりました。これらの素粒子たちは、互いに引き寄せ合い、結びつき、協力し合うことで、安定した原子を形成しました。これこそが、最初の利他的な行為です。素粒子たちが協力し合うことで、新たな形態が生まれ、宇宙は次第に美しい秩序を帯びていきました。

原子たちは、さらなる調和を求めて結びつき、分子を形成しました。水素と酸素が手を取り合い、水という生命の源を生み出しました。

そして、分子たちはさらなる複雑な結びつきを経て、生命という奇跡を生み出しました。複数の細胞が集まり、協力し合うことで、やがて人間のような高度な生命体が誕生したのです。人体そのものも、細胞同士の助け合いで成り立っています。

自然界を見ると、生物たちは互いに依存し合い、助け合いながら、生態系という大きな調和の中で共に生きています。植物は光合成によって酸素を生み出し、動物はその酸素を使って命をつなぎます。このサイクルがずっと続いてきているのです。

このように、宇宙の始まりから今に至るまで、すべてが互いに助け合い、支え合いながら進化してきました。この進化の中で、間脳も誕生し、私たちの中で存在しているのです。

間脳は、宇宙とつながっています。故に、間脳からは愛と絆のホルモンであるオキシトシンが分泌され、利他の思い、他者を思いやる慈愛によって、自らが幸福になるという美しい働きを成しています。

間脳を活性化し、運を開くためにも、他者の幸せを願う利他的発想が大切となります。稲盛先生は、**「『利他の心』は現実を変える力を有し、おのずとラッキーな出来事を呼び込み、成功へと導かれるのです」**（『心。』サンマーク出版）と語られています。これは宇宙的真理であり、宇宙とつながる間脳が共鳴し、誘導するという働きにつながっているのです。

第7節

人間世界の調和と不調和について

間脳から分泌されるオキシトシンは、愛と絆のホルモンとも称され、その驚異的な働きは、私たちの心と社会に深い影響を及ぼします。オキシトシンの分泌は、他者への思いやりや共感を促進し、人と人との絆を強化します。

このような間脳の働きに注目するとき、**私たちは幸せになるために生まれ、そして、他の方も幸せにするために生まれてきている**ということが見えてきます。

しかし、人間社会において、この利他と自利のバランスは大きく崩れ、人間関係の問題など様々なストレスが生じている現実があります。その結果、調和しながら発展する道筋から外れ、摩擦や対立、不調和、破壊の様相も多く現れています。なぜ、調和発展する宇宙システムの中で誕生した人類に、その方向性と一致していない現象が生じるのか。

実は、その原因の一つとして、先にお伝えした大脳の負の側面、つまり比較トラップ（高度に発達した大脳のおかげで容易になった「他者との比較」により、ストレスを溜めてしまうこと）があげられます。

さらに、ここに現代社会特有の事情が絡んできます。人間関係を含む社会の複雑さと、変化の速さです。これらが合わさることで、現代人の大脳は絶えず刺激され、「慢性的なストレス状態」が引き起こされるのです。

この慢性的なストレスが扁桃体の過活動を促し、過剰な感情反応や攻撃的な行動を誘発しているのです。**扁桃体が過活動になると、他者への寛容さが低下し、利他の思**

いを持つことが難しくなります。それは、以下のようなメカニズムです。

扁桃体が活発に動くと、常に「危険信号」が発せられる状態が続きます。これにより、体は戦闘態勢を維持し、他人の言動に対して過敏に反応しやすくなります。通常なら気にしないようなことでも、攻撃的に感じたり、否定的に捉えたりするのです。

例えば、職場での小さな意見の食い違いが大きな対立に発展することがあります。ストレスが高い状態では、他人の意見や行動を否定的に受け取りやすく、結果として言い争いが増え、職場の人間関係を混乱させてしまうのです。

このように、人間関係のトラブルの背景に、扁桃体の過活動や大脳の負の面などが絡み合っているのです。


これまで、人は摩擦や対立など、なぜ、負の連鎖から抜けきれないのか、様々な研究がされています。その中で、絆ホルモン・オキシトシンの負の面があることも伝えられています。

オキシトシンはグループ内の結束を強める一方で、外部のグループに対して排他的・攻撃的な態度を生じさせる可能性があるという内容です。

ただし、ここには大脳の負の要素である比較トラップが大きく関与していることも考慮することが大切です。敵対することでグループ内の結束が過度に強化され、オキシトシンの本来の働きが歪められ、不適切に現れている可能性があるのです。

オキシトシンは、私たちの命の存続にとって欠かせない存在です。この小さなホルモンがなければ、私たちは絆を結ぶことができず、愛情や信頼を感じることもできません。母と子の絆、恋人同士の愛、友人同士の信頼、これらすべてにオキシトシンの働きが大きく貢献しています。

調和することは命を輝かせますが、現代社会において、人間関係の不調和による心のストレスは大きな問題となっています。その原因は、個々の性格とか、感性、考え方など、様々な影響も受けますが、根源的には私たちの脳にあるのです。
高度に発達した大脳は、大きな恩恵をもたらしますが、優秀であればあるほど、その使い方次第ではストレスを強め、重大なリスクや問題を引き起こす可能性もあります。まさに、諸刃の剣なのです。

しかし、私たちの脳には、ストレスを緩和し、幸せに生きていくための機能もちゃんと備わっています。自他共に幸せになる方向性を示す羅針盤的存在、それが、間脳なのです。

間脳は、宇宙・自然とつながり、それらが持つシステムをもとに働いています。つまり、人間社会も宇宙システムの一部であり、その調和と発展は利他の思いによって支えられます。
利他の思いとは、他者の幸福や利益を自分のものと同じように考える心です。この心があることで、私たちは助け合い、支え合い、より良い社会を築くことができるのです。

調和発展する宇宙システムと融合し、不調和の多い人間社会や人類文明を調和的に発展させるために、間脳を強く意識することが大切となります。間脳が示す方向性を理解し実践することで、ストレスは軽減し、高度な知性を有する大脳もより素晴らしく進化していくようになるのです。

第8節

オキシトシンが分泌されやすい幸せ体質へ

間脳は私たちが生命を維持するための中枢であり、その働きによって私たちは生き続けることができます。

その間脳が、愛情や絆を育むホルモンを分泌するということは、命そのものが慈愛に満ちているということを示しています。命が育まれるためには、愛と慈《いつく》しみの力が必要不可欠であり、その力が私たちの内に秘められているのです。

私たち一人ひとりが持つこの慈愛の力を信じ、日々の生活の中で実践することで、世界はより平和でやさしい場所へと変わっていく可能性があるのです。

間脳を意識し、オキシトシンが分泌されやすい体質へと自分自身を引き上げていきましょう。そのためには、何よりも大切なことがあります。それは、今、既に自然界の利他・恩恵を受けているという認識を持つことです。

利他を優先すると自己犠牲のように感じたりしますが、既に利他という恩恵を受けていることを理解すると、自らが利他を実践しやすくなります。

実は、人間関係で深い傷を負った場合、そのストレスは心身に大きな影響を与えますが、自然との触れ合いがそのストレスを軽減し、オキシトシンの分泌を促進してくれます。そして、他者との絆を回復しやすくしてくれるのです。

自然は、その豊かさと美しさを通じて、私たちに計り知れない恩恵を与えています。風に揺れる木々の音、小川のせせらぎ、鳥のさえずり、これらはすべて私たちの心を癒し、安らぎをもたらしてくれる自然の贈り物です。

自分の五感を強く意識し、その五感で、自然を感じてください。すると、五感に心地良い刺激が愛情ホルモン・オキシトシンの分泌を促してくれるのです。

赤ちゃんは母親の愛情を感じることで、絆ホルモン・オキシトシンが分泌され、健やかな成長が促進されます。それと同じように、私たちは自然との触れ合いの中で、「愛されている、生かされている」という感性を高めるのです。

自然の中で過ごすことで、私たちは無条件の愛を受け取ることができます。例えば、陽の光が私たちを温かく包み込み、その光はすべての人に平等に降り注ぎます。これは、自然が私たち全員に恩恵を与え、慈しんでいる証《あかし》です。

間脳活性と共に、五感の感性が高まり、愛情ホルモン・オキシトシンが分泌しやすい体質へとなっていきます。それにより、自然界との絆も回復されていくのです。

自然界は、共生・共栄のシステムで成り立っており、すべての生物が相互に依存し合いながら生きています。しかし、この自然の法則から離れ、人間が破壊的な行動を続けることで、地球全体のバランスが崩れ、環境問題が深刻化しています。

この方向性を大逆転させる鍵が、間脳にあります。

自然界を破壊し、戦争を続ける現在の状況から脱するためには、私たち一人ひとりが間脳の調和の力を理解し、実践することです。共感と愛情、信頼の絆を育むことで、私たちは互いに支え合い、調和と平和に満ちた未来を築くことができるのです。

この21世紀において、自然との結びつきを強化する間脳活性が急務となっています。そのような中、実は世界に先駆けて、この間脳の活性化が飛躍するように準備された民族が存在します。その民族は、風土や歴史を通じてその特性を育んできています。その民族とは、日本人です。

日本人は長い歴史の中で、自然を崇拝し、自然と共生する文明を築き上げてきました。この長きにわたる自然との共生が、日本人の脳にも変化をもたらしているのです。多くの民族が虫の鳴き声を雑音として捉える中、日本人はそれを心地よい虫の声や虫の音《ね》として感じ取る脳を持っています。

このような日本人の自然と融合する感性は、間脳活性を促進し、人類文明の行き詰まりに大きな希望をもたらす可能性があります。自然と共に歩む日本人の精神は、未来に向けた新たな道を切り開く鍵となるのです。

これらについて深く見つめるために、次の章では、日本人の特性と、また、人類文明に寄与する重要な使命についてお伝えします。

第5章

日本的感性が世界を救う

第1節

四季の豊かさと日本的感性

私たち日本人には、世界に誇る素晴らしい感性があります。それは、自然を尊び、自然の変化を繊細に感じ取り、その美しさや秩序を生活や文化に取り入れる豊かな感性です。

この優れた日本的感性が、自然との不調和を起こし、大量絶滅の危機をも引き起こしている世界的状況を変革する大きな鍵となりうるのです。

そのことを理解するために、日本の自然の様相と、自然によって育まれてきた感性についてみていくことにします。

日本は世界的に見ても、四季が特に豊かな国です。春には桜が咲き乱れ、新たな命の息吹を感じ、夏には緑が濃く茂り、生命の力強さが広がります。秋には紅葉が山々を彩り、収穫の恵みがもたらされます。そして、冬には雪が静寂をもたらし、大地が休息を取り、春の芽吹きの時へとつなげていきます。

このような四季の循環は、まさに生命を育む壮大な自然の営みとなっています。四季のリズムの中で、日本人は自然の偉大さとその恵みを深く感じ取り、自然との共生の大切さを理解してきました。そして、**生命を育む自然こそが、最も価値ある存在であると認識していったのです。**

このような感性を有する日本人は、自然とつながる間脳が活性化していました。間脳が活性化すると、五感の感性が高まり、自然に対する感じ方も豊かになっていくのです。

活性化した間脳の感性により、日本人は、自然の中に秘められた特別なエネルギーを感じ取っていきました。山、川、海、木々、岩など、自然のあらゆるものには神聖な力が宿っていると信じられています。ご神木や霊峰富士山などは身近な言葉ですね。

現代においても、神社や祭りを通じてこの思いは受け継がれており、自然との共生を大切にする日本人の心に深く根付いています。自然そのものに対する畏敬の念と感謝の気持ちが、今なお生き続けているのです。

対照的に、西洋を中心とする多くの文化では、自然を支配しコントロールしようとする傾向があります。特に、産業革命以降、技術の進歩と共に自然を改造し、人間の生活を便利にすることが進められてきました。自然を資源として捉え、人間の都合に合わせて利用する姿勢が顕著となっていったのです。

この対比的な状況は、自然観の違いを浮き彫りにします。日本人の自然観は、自然を神聖な存在として尊重し、その中に特別な力を見出すものです。自然と共生し、その美しさや厳しさを受け入れる心が養われています。

一方、自然を支配しようとする自然観は、人間中心の視点から自然を操作し、利用することに重点を置き、自然破壊にもつながってしまうのです。

この流れは世界的なものですので、当然、日本にも大きな影響を与えています。急速な経済発展と技術革新により、自然環境を破壊しています。森林の伐採や都市化、温暖化による気候変動への影響は深刻で、毎年、その危機を肌で感じるほどです。

こうした状況に対処するためには、日本の自然に対する感性を再び強く意識し、自然との共生を目指す姿勢を取り戻すことです。

私たちが自然に感謝する思いを持つとき、間脳から絆ホルモン・オキシトシンが分泌されてきます。また、自然の中で過ごす時間がオキシトシンの分泌を促し、リラックス効果や幸福感をもたらしてくれます。

私たちは、自然によって生まれ、自然の一部として存在しています。その証拠として、私たちの中には自然とつながる間脳があり、自然との絆も深めてくれるのです。

人類文明を変革する鍵となる、自然と共生する日本的感性の復活。それは、自然とつながっている間脳の活性化によって実現するのです。

第2節

日本の「和」の精神と、「道」が求めたこと

間脳は、体内の調和、心の調和を保ち、生命を存続させようとする脳です。これは、自然界が調和とバランスを保とうとする働きとつながっています。生命、自然

界、両方とも調和が原則となっているのです。

ここではまず、自然界の調和に目を向けてみましょう。

海水が太陽の温かさを受けて蒸発し、空高く舞い上がって雲となります。雲は風に乗り、山々を越えて内陸へと運ばれ、やがて雨となって大地を潤します。この雨は川となり、再び海へと戻る旅路を辿ります。

海と空、山と川が絶え間なくつながり合い、一つの大きな命の循環を織り成す。自然界は、壮大な調和によって成り立っているのです。

この自然から学んできた日本人は、あることを感じ取りました。それは、「和」が最も価値あるものであるということです。**日本人の祖先たちは、その優れた感性によって、自然の本質は「和」だと認識したのです。**

日本の歴史において、「和」の概念が広まったのは大和朝廷の時代です。この時代に、「和」は日本の国民性や文化の象徴として広く認識されるようになりました。特に、聖徳太子が制定した十七条憲法の第一条において、「和を以て貴しと為す」と謳《うた》われており、これが日本人の基本的な価値観となりました。

和服や和式、和食、和風という言葉に使われる「和」は、日本の歴史と深く結びついており、自然との調和や他者との共生を重視する日本の伝統的な価値観を表現しているのです。

日本人は、「和」に最高の価値を置きました。

自然こそ最も理にかなった調和のとれた状態であり、人は自然に近づく、最終的に到達すべき「目標」としたのです。

この目標を達成するための道筋として、日本には、**「道」**の思想が生まれました。柔道、合気道、茶道、華道、書道などの「道」は、単なる技術や作法の習得ではなく、自然との調和を目指す道筋となります。これらの「道」を通じて、人は自己を高め、自然の理法に近づこうとする文化が開いたのです。

例えば、合気道は、攻撃を受け流し、相手との調和を重視する武道です。合気道の稽古を通じて、心と体の調和を追求し、自然のリズムと一体化することを目指します。相手との調和を図ることで、自身もまた自然の一部としての在り方を学びます。

茶道は、自然の美しさと静けさを感じながら、心が落ち着ける時間を追求します。茶室の中で、自然の四季を感じ、茶を点《た》てる儀式を通じて、内なる平和と調和を見出します。茶道の作法を通じて、自然との一体感を深め、心の静寂と調和を追求します。

日本人は、自然の調和こそが最も価値あるものと認識しました。そして、その目標に向かっていくというこの感性が、日本文化の核心なのです。

この感性は、日本経済界にも生かされています。

「経営道」という言葉がありますが、企業経営において「道」の精神を取り入れた考え方です。これは、単なる利益追求にとどまらず、倫理や調和、持続可能性を重視する経営の姿勢を意味します。

この経営道の精神が生み出した成果の一つが、100年以上の歴史を持つ長寿企業の多さです。日本には三万社を超える、100年以上続く企業が存在し、これは世界で最も多い数となっています。この驚異的な数字は、日本の企業が経営道に基づき、長期的な視野で持続可能な経営を行ってきた証なのです。

自然を尊び、自然から学び、「和」を最も価値あるものとした日本人の感性。その感性を体現し、誠実に追求してきた「道」の精神。これらが日本の文化や社会、経済を根底から支え、繁栄をもたらしてきたのです。

そして、人間世界の「和」を実現させるのに、利他と自利の調和も大切となります。大手電子機器メーカー・オムロンの創業者である立石一真先生の言葉に**「最もよく人を幸せにする人が、最も幸せになる」**（『経営道――心と道の経営』市川覚峯著致知出版社）があります。これは、利他主義と幸福の相互関係を示唆しています。この理念は、他者への貢献が自身の幸福感にもつながるという重要な原則を強調しています。

この利他と自利を調和させることを強くサポートするのが間脳です。間脳から愛情ホルモン・オキシトシンが分泌されます。日本人は、自然と共生し、自然とつながる間脳を活用して、オキシトシンが分泌されやすい体質になっていたということが理解できるのです。

第3節

世界から賞賛される日本人の姿

災害時における日本人の結束力と忍耐強さは、世界中から賞賛されています。地震や台風などの自然災害が多発する日本では、日常的に危機管理意識が高く、コミュニティの協力体制が整っています。

例えば、2011年の東日本大震災の際、多くの日本人は冷静に避難し、物資の不足が生じた際も略奪や暴動はほとんど見られませんでした。

一方で、同様の災害が他国で発生した場合、混乱や暴動が起きることは珍しくありません。物資の奪い合いや治安の悪化が見られることが多く、それと比較すると、日本人の秩序正しさと協調の美しさが一層際立ちます。

日本人のこうした特質は、自然との共生から学び取られたものであり、長い歴史の中で形成されてきた民族性です。四季折々の自然の変化や災害の脅威と向き合いながら、人々は互いに助け合うことの大切さを学び、忍耐強く困難に立ち向かう力を育んできたのです。

このように日本人は自然を尊び、自然に対して謙虚な姿勢を養ってきました。そして、この謙虚さは、社会生活において自己主張を控えめにし、他者を立てる日本人の特性となっても表れています。

日本人の謙虚さは、美徳とされるものです。ただ、この謙虚さが大脳の負の要素、比較トラップと結びつくと、世間体を過度に気にする傾向が生じてしまいます。世間体とは、「社会的な体面」や「他人から見た自分の評価」を意味します。世間体を重視することで、他人と自分を絶えず比較し、自分の価値を他人の基準で評価してしまうのです。

また、日本人が自分軸ではなく他人軸に陥りやすいという特徴も、このことが影響しています。他人軸とは、他者の評価や期待を基準にして自分の行動や価値を判断する考え方です。これによって、自分自身の価値観や感情が二の次となり、次第にストレスが蓄積されてしまうのです。

他人軸によるストレスは、他者の期待や評価に振り回され、自分らしさを失うことからくる心の負担です。例えば、仕事や学校で他人の評価を過度に気にすることで、自分の意見を抑え込んだり、無理をして成果を出そうとしたりします。常に他者のことが気になり、知らない間に精神的疲弊感が増し、うつ病の発症リスクも高まってしまうことがあります。

このような他人軸を乗り越えるためには、自分軸を持つことが大切ですが、調和的な自分軸を形成するのに、間脳を意識することがとても重要となります。間脳を意識するとは、自分の命を意識することに直結しています。

肩書や学歴、能力、あるいは周りからの評価も自分の価値を決める要因になります。しかし、揺るぎない価値、絶対的価値をあなた自身の命に置くとき、とても安定し、幸せな自分軸となるのです。

具体的にみていくと、宇宙誕生から現在に至るまでの壮大な歴史の中で、私たち一人ひとりが存在していること自体が奇跡的なことなのです。「私は奇跡の命を有する奇跡の存在である」これが間脳を軸とした自分軸です。

私たちの命は、無数の祖先たちの命の連続によって受け継がれてきました。この連続性を考えると、私たちの命もまた次の世代へとつながっていく重要な一部であり、その尊さを感じることができます。

このように、自分の価値を他者の評価や一時的な成果ではなく、命そのものの尊さに置くことで、揺るぎない自分軸を持てるようになります。また、自分自身を自然の一部として認識することで、自己肯定感が高まります。他者もまた、同じように自然の一部として存在しているという認識を持つことで、共通の基盤に立って他者と接することができるのです。

自分自身の命、そして自然界は、すべてのものがつながり、調和を保つことで存在しています。自然を崇拝してきた日本人の潜在意識には、この調和の意識が強く根付いていきます。間脳を意識し、命を意識し、自然を意識するとき、この美しい潜在意識が顕在化し、調和的な自分軸が形成されるようになるのです。

すると、比較トラップから生じた自己否定感から解放されて、自己肯定感を高め、自己の中に眠っていた限りない潜在能力も開花していくようになるのです。

第４節

日本人の潜在能力が覚醒され、世界的活躍ができる時

日本人の心の奥深くには、自然から学んだ「和」の意識が静かに、しかし確かに根付いています。自然こそ最も理にかなった調和のとれた状態であり、自然に近づくことが「目標」となっています。

先ほども述べたように、この目標を達成するための道筋として、日本には、**「道」**の思想が生まれました。柔道、合気道、茶道、華道、書道などがそうですが、もっと身近なところでは甲子園での高校野球にも、その姿が表れているのです。

選手たちは技術の向上を目指し、厳しい練習を通じて心身を鍛えますが、それ以上

に重要なのは精神面の成長です。チームワーク、礼儀、忍耐、努力といった事柄が重視され、試合を通じて自己を高め、他者と調和し、スポーツマンシップを体現しようとします。これらの要素は、武士道や茶道などの「道」の文化と共通するものであり、**「野球道」**とも表現できます。そしてその精神は、日本の文化の一部として世界に誇るべきものであり、多くの人々に感動を与え続けているのです。

世界的に活躍している大谷翔平選手は、まさに「野球道」の精神を体現している方ではないかと思います。卓越した技術と共に、礼儀正しさや謙虚さ、全力を尽くす姿勢、チームプレイの精神、さらには環境への配慮といった要素は、日本の「道」の精神そのものです。大谷選手の活躍は、スポーツの枠を超え、日本の「道」の精神を世界に広める重要な役割を果たしていると感じます。

大谷選手が、メジャーリーグに行く前、熟読していたと話題になった本がありま す。それは、『運命を拓く』という本で、中村天風先生の著書です。

中村天風先生は、大正・昭和の時代に活躍され、日本における自己啓発の先駆的存在です。古くは東郷平八郎（海軍元帥）や原敬（首相）、そして松下幸之助先生、稲盛和夫先生など多数の政治家や実業家たちにも影響を与えています。

天風先生の教えにも、日本的感性である「和」の精神が強く表れています。心と体の調和を説き、個人の内面的な平和と他者との調和を重視しました。この調和の精神は、心身統一法や瞑想としても紹介されています。

天風先生は、**「人間の心は宇宙とつながっており、その無限の力を活用することができる」**と説かれています。また、人の潜在意識は、宇宙の無限力と直結しており、それを意識的に利用することで、自分の望む結果を引き寄せることができるとしています。これにより、人々は自分の人生を積極的にコントロールし、困難を乗り越える力を得ることができるのです。

さらに、天風先生は**「肯定的な思考」**と**「積極的な心」**の重要性を強調していま す。これは、ネガティブな感情や思考が私たちの内なる力を抑制し、逆にポジティブな心持ちがその力を解放する。即ち、宇宙の無限力は、ポジティブなエネルギーによって活性化され、私たちの人生に奇跡をもたらすと信じられています。

大谷選手をはじめとする多くの人々が、天風先生の教えに触れることで、自分の潜在能力を最大限に発揮し、目標を達成するための力を得ていきました。

天風先生は今から約１００年ほど前に活躍された方です。当時は、現在ほど脳科学が発達していませんでしたが、驚くことに、天風先生は**間脳の重要性**も説かれているのです。

第５節

中村天風先生が説かれた間脳と宇宙エネルギーの関係

中村天風先生が、間脳についてどのように説かれているのか、天風先生の言葉を編集した『中村天風　折れないこころをつくる言葉』（池田光著　イースト・プレス）からみていくことにします。

「この大宇宙は、隅々まで宇宙エネルギーで満たされています。そんな宇宙エネルギーを受け入れれば受け入れるほど、運命は好転し、病はよくなり、願いはかない、何もかもうまく運びます」・・。

「宇宙エネルギーはどんな経路をたどって肉体に至り、生きる力になっていくのでし

ようか。・・・

①宇宙エネルギーは、間脳から入る。
②宇宙エネルギーは、心を通過する。
③宇宙エネルギーは、肉体へと行き渡る。」

と記されています。

天風先生は、これらのことをどのようにして理解されたのか、そのことからみていきます。

天風先生は、若い頃に結核を患い、西洋医学の治療では困難であったため、運命的な出合いに導かれ、ヨガの修行法に打ち込んでいかれました。

インドの山奥の大自然に身を置き、静寂と荘厳さが満ちあふれる環境の中で、自然と一体化する感覚を味わっていかれたのです。風の音、鳥のさえずり、木々のさざめき、そして大地の鼓動が、まるで宇宙のリズムと共鳴するかのように心と体を包み込みました。この自然との調和によって、宇宙エネルギーと共鳴し、心身の健康を回復していかれたのです。

天風先生が説かれる宇宙エネルギーとは、全宇宙に遍在する生命を生かす根源的な力であり、自然の中には、宇宙エネルギーが豊かに存在しています。例えば、太陽の光によって私たちは明るさ、暖かさをもらい、生きるための絶大なエネルギーを受けています。植物は光合成を行い、成長していきます。

水は生命の源であり、川の流れや海の波、雨などを通じて絶えず動き続け、生命を生かしています。このように、自然の恩恵の背後にあって、生命を生かそうとするエネルギー、それが宇宙エネルギーとなります。

広大な宇宙の中には、私たちが未だ知らないエネルギーと物質が存在しているといわれています。そしてそれは、驚くべきことに、宇宙全体の約95％を占めているということです。この未知なるエネルギーは、私たちの理解を超えた神秘であり、無限の可能性を秘めています。

天風先生は、宇宙の中に生命の星・地球が存在し、その地球には、奇跡のような生命が息づいている、これらの様相の中に、宇宙エネルギーを感じ取られたのです。そして、この宇宙・地球につながっているのが間脳です。まさに、天風先生が説かれたごとく、間脳は宇宙エネルギーと共鳴し、宇宙エネルギーを人体に取り込む門となっているのです。

さらに、天風先生は、宇宙エネルギーと共鳴するためには、積極的で肯定的な心が不可欠と説かれました。脳科学が発達した今、この教えはますますその重要性を増しています。科学的研究により、積極的で肯定的な心はストレスホルモンの抑制を助け、幸せホルモンの分泌を促進することが証明されています。これにより、私たちは心身の健康を保ち、宇宙エネルギーと深く共鳴することができるのです。

天風先生は脳科学がまだ発展途上であった時代に、既にこの真理を見抜いておられました。現在、間脳がホルモン分泌の中枢であり、否定的な思考と肯定的な思考によってホルモン分泌が異なることは科学的に明らかになっています。

宇宙エネルギーが間脳から入ること、肯定的思考が大切であるとの天風先生の教えは、脳科学の進展によってその正当性が裏付けられているのです。

第6節

自然との絆を回復する日本の使命

中村天風先生は、日本の戦中戦後の困難な時期に活躍された方です。戦後の日本は、戦争による大きな損害と経済的な困窮に直面していました。そのような時期に、天風先生の教えは、多くの人々に勇気と希望をもたらしたのです。

その中、特に注目すべきは、松下幸之助先生との関わりです。松下先生は、パナソニックの創業者として知られる偉大な経営者ですが、天風先生の哲学に深く共感し、それを自身の経営哲学に取り入れました。松下先生は、「不安を取り除き、希望を持つこと」の重要性を学び、それがパナソニックの発展に大きく寄与したのです。

松下先生は、**「自然の理法は、生成発展の性質を持っておるんやから、人間は、この自然の理法に則って事を進めるならば、必ず成功するようになっておる。成功しないのは、自然の理法に則っていないからや」**（『松下幸之助はなぜ成功したのか』江口克彦著　東洋経済新報社）と語られています。この「自然の理法」とは、自然界や宇宙の基本的な法則や原理を指します。この自然界の基本的な法則に従い、調和を大切にし、変化に適応し、倫理的に行動すれば、必ず成功すると確信し、そして実践して大成功を遂げられました。

自然から学ぶこの姿勢は、まさに日本人の美しい感性そのものです。天風先生も松下先生も、自然を尊ぶ感性をより洗練させて実践し、成功を収められたのです。

日本人は古来より、自然を尊び、そこから多くを学んできました。その中で、自然との調和、「和」を最も尊いものと認識してきました。その感性こそが、現代文明が抱える自然との対立、人同士の対立、国同士の対立に対して、新たな光をもたらす鍵となるのです。

現代の文明は、科学技術の発展と共に、自然を制圧し、対立を生む方向に進んでいます。環境破壊や気候変動、社会の分断や国家間の緊張は、その象徴です。そんな時代にこそ、日本人が培ってきた「和」の精神が必要とされています。

自然に恵まれ、自然との調和を重んじてきた日本人は、自然との絆を回復させる重要な使命を担っているのです。

そのことを見抜いていたある有名な科学者がいます。それは、「20世紀の最も偉大な科学者」と称されるアインシュタイン博士です。

アインシュタイン博士の研究は、宇宙の法則と調和を解き明かすことを目的としていました。博士は自然の秩序と美しさに深い畏敬の念を抱き、その神秘を探求し続けたのです。

アインシュタイン博士は、オランダの哲学者・スピノザを強く支持しました。スピノザは、神と自然は同一であると考えました。つまり、宇宙全体が神の現れであり、神は超越的な存在ではなく、自然そのものだと捉えたのです。

アインシュタイン博士も、宇宙の複雑さや調和を理解することを通じて、宇宙・自然そのものに神聖さや畏敬の念を感じていました。そして、博士が１９２２年に日本を訪れたとき、日本の自然観や感性に感銘を受けられたのでした。

そのときの言葉として、**「この点に関して私は驚嘆を禁じえません。自然と人間が、ここ以外のどこにもないほど一体化しているように思えるのです」**（『アインシュタインの旅行日記』草思社）と語られています。

さらに、**「遠からず人類は確実に真の平和のために世界の指導者を決めなければな**

りません。世界の指導者になる人物は軍事力にも資金力にも関心をもってはなりません。すべての国の歴史を超越し、気高い国民性をもつもっとも古い国の人でなければなりません。世界の文化はアジアにはじまったのであり、アジアに帰らなければなりません。つまり、アジアの最高峰である日本に。私たちはこのことで神に感謝します。天は私たちのためにこのような高貴な国を創造してくれたのです」(『アインシュタインは語る』大月書店)ともいわれています。

アインシュタイン博士の言葉は、単なる期待や評価にとどまらず、日本の未来に対する深い洞察と予言的な見解を含んでいます。博士の見識は、日本がその後の時代においてどのように発展し、世界に貢献していくか、その使命を見通していたといえるでしょう。

今こそ、自然を尊び、自然から学ぶ日本的感性を復興させることが大切です。ただ、現代社会において、技術の進歩と都市化の進展に伴い、人々は自然から遠ざかる傾向が強まっています。日々の生活は便利さを追求し、自然環境を犠牲にすることが少なくありません。

この「自然との遊離現象」は、地球環境に対する深刻な影響を及ぼし、人々の精神的な健康やバランスにも悪影響を与えています。

そのような中、私たち自身の中に自然と深くつながる間脳という存在があることを理解することが、自然との絆を回復させる大きな道標となるのです。

この理解を通じて、私たちは自然のリズムと調和した生活を送り、自然との触れ合いを大切にし、自然の一部としての自分を再認識することができます。それにより、私たちは自然との深い絆を再び取り戻し、持続可能な未来を築くことができるようになるのです。

第7節

日本人を覚醒する宇宙エネルギー

外国人であるアインシュタイン博士は、日本人の感性を見抜き、その世界的使命を予言されました。

さらに、宇宙の法則に基づいて日本の重要な使命を語る外国の方がいます。それは、韓国伝統文化や陰陽五行説の研究者であり、長年にわたり様々な活動をされてきた金信東《キムシンドン》先生です。

金信東先生は、今年97歳を迎えられますが、宇宙につながる高次元能力を有され、頭脳明晰で、年齢を超越した健康を維持されています。金信東先生は、33歳のときに、突如、宇宙からの強いエネルギーを受けて、間脳が一挙に開花されたことを伝えておられます。そのときの様子は、一旦、あまりに強いエネルギーを受けて仮死状態になったけれど、目覚めたときに、体全体から七色の光が放射されているのが見えたそうです。

それ以来、間脳に宇宙エネルギーを受けるようになられ、その力を使って、様々な病に苦しむ方たちを救ってこられました。さらに、宇宙法則に基づいた予言をされますが、この21世紀、宇宙エネルギーが大きく変化する時にあり、その中で日本は重要な使命を担っていることを語っておられます。

では、宇宙エネルギーの変化とは如何《いか》なることなのか、それからみていくことにします。

その変化は、壮大な東洋哲学が生んだ陰陽五行説によって解明されます。陰陽五行説とは、陰と陽、そして木、火、土、金、水の五つの要素が織り成す自然界の現象を教える学問です。さらに、この陰陽五行説は、人間の体と心、社会の構造までをも含む広範な概念を内包し、宇宙の成り立ちとその変化の法則を示しています。

この陰陽五行説において、火と水はそれぞれ陽と陰の要素を持ちます。火は陽のエネルギーであり、力があって活動的ですが、バランスを崩すと争いや競争を引き起こす力となります。

一方、水は陰のエネルギーで、変化に富み、穏やかな調和をもたらすとされています。

金信東先生は、現在の人類文明は戦争や激しい競争、自然災害などでバランスを崩しており、火のエネルギーに偏り、このまま進むと火のエネルギーで燃え尽きてしまうほどの危険状態にあることを見通されました。

しかし、宇宙は必ず転換させるように働きかけてきます。それは、陰陽五行説に、**「陽極まれば陰に転ずる」**とあり、これは、陽のエネルギーが極限に達すると、陰に転じ、自然界がバランスをとるためにエネルギーが変化するとなるのです。

「火」を消し、バランスを回復させて調和させる存在は、「水」となります。

金信東先生は、人類が発する火のエネルギーを、水のエネルギーに転換し和合させることで、人類を救済しようと動き始められました。そのときに注目されたのが日本でした。日本は陰陽五行説で見るとき、火の要素と水の要素、両方を有している国だったのです。

火の要素というのは、日本は火山列島・地震大国であり、火のエネルギーに強く傾くと、自然災害で大変危《あや》うい状態となります。また、世界で唯一の原爆被爆国で、人類全体が火のエネルギーに傾いたその犠牲となった国でもあるのです。

これが火の要素ですが、一方において、日本は四方が海という、水に囲まれた島国であり、多くの山々のおかげで水も豊富な国です。日本の国民性も、違いを受け入れ融合する特性を有しています。

このように、日本は火の要素と水の要素、両面を持ち合わせている国であり、火のエネルギーに傾けば壊滅しかねない人類が、水のエネルギーを受けて調和発展することを象徴する国となっているのです。従って、日本を先駆けて変化させ、恩恵をもたらすことを希望されたのです。

金信東先生は、1995年に日本を訪れ、全国の重要な地点、数十カ所のエネルギーを整え、大規模な地震で日本全体が壊滅的な状態にならないように活動されました。

また、2018年には、沖縄の伊平屋島《いへや》にも行かれています。これは、日本人が有する辛い集合的無意識を解放するための動きとなっています。集合的無意識を説かれた心理学者のユング博士は、民族の神話や伝説が人類共通の無意識を反映していると述べています。この内容と一致するように、日本の古事記には火のエネルギーの辛さが記載されて、母神の伊弉冊《いざなみ》様が火の神を産んで、黄泉《よみ》にお隠れになったとあります。

金信東先生は、この古事記の伝承を逆転することで、日本民族の奥深いところにある辛き闇が解放されるよう、沖縄の伊平屋島クマヤ洞窟で天岩戸開きを実施されたのです。

さらに、世界が闇に陥るとき、日本から宇宙の真理に通じた光の働き手たちが多く出現することを予言されています。

このように、金信東先生は日本の重要な使命を見抜き、そのためにエネルギーを整えることを粛々《しゆくしゆく》と遂行されました。それは、日韓関係の歴史的な辛さや複雑さを越え、宇宙的な見識と深い愛情によって推進されたのです。

日本は世界に先駆けて、火のエネルギーから水のエネルギーへと転換し、それを世界に広げる使命を担っています。この水のエネルギーを受けて活性化してくるのが、宇宙とつながる間脳です。水は、あらゆるものを溶かし込む調和的な性質を有していますが、間脳が活性化してくるとき、不調和破壊のエネルギーは静かになり、自然と融合する日本人の美しい感性が強く表に出てくるようになるのです。

第8節

世界はつながっている

日本人の覚醒を、遠く離れたアフリカの地から願っておられるという情報があります。それを伝えた方は、『今日、誰のために生きる?』(廣済堂出版)の著者で、ペンキ画家のSHOGENさんです。SHOGENさんは、アフリカのタンザニアにある

「ブンジュ村」と縁を持ち、そこの村長さんから日本についての貴重な情報を伝授されました。

とてもユニークな情報ですが、ＳＨＯＧＥＮさんが会われたブンジュ村の村長さんは特殊能力を有するシャーマンで、縄文時代と思われる、とても長い間平和な時代に生きた日本人と交信できたといわれています。そして、日本人から幸せに生きる秘訣を学ばれたそうです。

幸せになる秘訣について、日常の小さな幸せを大切にすること、自分を大事にすること、青空を見ることなどなど、分かりやすく紹介されていますが、すべて、間脳から幸せホルモンが分泌するメカニズム通りになっています。縄文時代の日本人は、間脳の松果体がとても活性化していて、自然と一体となっていたといわれますが、その通りだなと実感します。

日本人の初期値は、縄文時代にあるといえます。考古学的な調査によって発掘された縄文時代の遺骨には、争いの痕跡がほとんど見られないことが分かっています。戦闘や暴力による傷が少なく、縄文時代の人たちが平和な社会を築いていたことが示されています。

世界でも珍しい争いを知らない時代。約1万年もの長きにわたり、縄文時代の人たちは豊かな森や澄んだ川、青い海と共に生きてきました。彼らの生活は、自然の恵みに感謝し、敬う心で満たされていたが故に、平和だったと推察されます。

縄文時代のDNAが、現代日本人にどれくらい受け継がれているかという研究がされていますが、一般的には現代日本人のDNAの約10%~20%が縄文人由来であるといわれています。

縄文時代から受け継がれた、自然を敬い、自然と共生し、自然から学ぶ日本的感性。その感性によって、自然とつながる間脳が活性化しやすい特性も有しているのです。間脳の活性化と共に五感も豊かになりますが、日本には外国と違って特に発達している面もあります。それは、先にも述べたように、虫の声が心地よく響くということです。秋の夜長、静けさの中で響く鈴虫やコオロギの音色は、日本人の心に穏やかな安らぎをもたらします。

一方、外国の方々には、これらの虫の声が雑音として捉えられることが多いのです。日本人の脳は、虫の声を心地よい音色のように感じる特性を持っており、これは長い歴史の中で培われた自然との深い結びつきの証なのです。

ブンジュ村の村長さんが、**「この世が滅亡する時は、日本人に虫の音が聞こえなくなった時だよ。つまり、自然と対話できる人がいなくなった時に、地球の崩壊が始まる」**といわれたそうです。

さらに、村長さんは、**「虫の音がメロディーとして、会話として聞こえることが、どれだけ素晴らしいことか、日本人には改めて考えて、感じてほしい。ショーゲン、日本人にその素晴らしさをちゃんと伝えてね。おれは地球にはまだ希望があると思っ**

ている。日本人は1億2千万人もいる。世界は80億人だ。世界の80人に1人は日本人なんだ。だから、地球にはまだまだ可能性がある。地球のために頼むぞ日本人！　日本人こそが世界を真の幸せに導ける人たちなんだから」とも語られたそうです。

現代社会において、デジタル機器の発達は目覚ましく、大いなる利便性をもたらしています。しかし、その利便性は、知らず知らずのうちに私たちを自然から引き離す怖さも併せ持っています。

仮想空間に没頭し、自然のリズムから遠ざかり、外の世界と断絶させられていく。このような「自然との遊離化」は、地球環境に深刻な影響を及ぼすだけでなく、私たちの精神的な健康や心身のバランスにも悪影響を与えています。

しかし、日本には古来より自然を尊び、自然との調和を大切にする独自の文化と感性が存在します。自然の美しさや四季の移ろいを感じる心、そして自然から学び取る知恵は、日本人の生活の中に深く根付いてきました。この日本的感性を復興することは、現代社会が直面する多くの課題を解決する鍵となるのです。

第９節

私の初期化、そして人類の初期化

第2章でも述べましたが、近代医学の父と称されるヒポクラテスは「人間は、自然から遠ざかるほど、病気に近づく」といいました。これは、人間が自然との共生・共栄の原理から離れると、健康や環境に大きなリスクが起きることを見事に指摘しています。

現代社会では、比較トラップによって生じる過度な競争や自己中心的な行動が、私たちを自然との調和から遠ざけています。その結果、自然環境を破壊し、人類の存続も危ぶまれるほど、大きな病を引き起こしているのです。

この病から回復することが、21世紀における最大の課題です。

自然界は共生・共栄の原理に基づいて成り立っています。植物と動物、微生物まで、相互に依存し合いながら調和を保ち、共に繁栄しています。人類もまた、この自然の一部であり、本来は互いに協力し合うことで生存と繁栄を実現できるのです。

調和することは、美しさそのものです。自然界のすべての存在が美しいハーモニーを奏でるように、絶妙なバランスを保ちながら共に生きています。この調和は、単なる綺麗事ではなく、理想論でもありません。生命が存続し、繁栄し続けるために欠かせない本質なのです。

私たちの命は自然から生まれ、その中には自然の叡智、慈愛、美しい調和が宿っています。その中心には間脳があり、この間脳を軸として高度に発達した大脳を生かすことで、私たちは共生・共栄という調和と発展の世界を実現することができるのです。

この美しい調和の世界、そこに生きる私が、命に刻まれた初期値の姿なのです。

この21世紀、あらゆる絆を回復させる間脳を活性化させ、私の初期化、人類の初期化を回復させていきましょう。

宇宙が、地球が、そしてあなたの命そのものが、あなたの行動に期待しているのです。

最後になりましたが、現代の日本において危惧されている災害について、お伝えしたいことがあります。

私たちの意識はエネルギーを放っていて、それが集合するとき、強いエネルギーを放つようになります。例えば、集合的な不安が特定の状況や出来事に対して集中すると、そのエネルギーが現実に具体化する可能性もあります。
大規模な自然災害や社会的な混乱が、集合的な不安のエネルギーによって誘発される可能性が高まるというシナリオです。素粒子レベルでの変化からも推察される内容となります。

近年、大規模な災害への不安感が高まっています。そのため、十分な備えや対策を講じることは非常に重要です。しかし、不安に偏るだけでなく、自然とつながる間脳を軸とした調和的エネルギーを発することもまた大切です。それは、今も私たちの生活を支え、多大なる恩恵をもたらしている日本列島、日本の大地と海、日本の自然に感謝することです。

日々の生活の中で、少しの時間でも日本列島への感謝の思いを持ってみましょう。皆様のその意識が間脳を活性化させ、間脳から放たれる美しい波動が幸せなシナリオを引き寄せてくれるのです。

一人ひとりの思いや行動は小さいかもしれませんが、あなたの中には無限の宇宙とつながる間脳が存在しています。宇宙・自然に通じることで、限界を突き破る素晴らしい力が生まれます。そして、今までの価値観を変え、世直しを起こすような動きに発展することができるのです。

21世紀、同じ時を生きる皆様と共に、人間に秘められた素晴らしい初期値が回復されていくことを、心から希望しています。最後までお読みいただき、ありがとうございました。

おわりに

私は、「命とは何か?」「生きる意味とは?」との問いかけによって、命の脳・間脳と出会いました。

でも、今思うと、命そのものが私に問いかけていたようです。命そのものが、気づいてほしいと、ずっと待ってくれていたように感じます。

あなたの命が、あなたに気づいてほしいと期待し、待ち続けていることがあります。

それは、この宇宙の広大な歴史の中で、私たちが存在することが奇跡だということ。この奇跡は、ただ偶然の産物ではなく、生命の進化と自然の調和の結果として現れています。

そして、その中心に位置するのが、私たちの間脳です。この間脳こそが、私たちを過去と未来、生命と自然へとつなぐ鍵となっています。

地球生命史における長い進化の旅路を経て、私たちの間脳は形成されました。その存在に気づくとき、私たちは自分自身がこの壮大な宇宙の一部であることを深く理解できます。

この間脳は、生命の神秘と自然の力を私たちの体内にもたらしています。心拍や呼吸、感情や思考、そして意識のすべてが、この小さな存在によってつながり、調和しています。私たちが生きている瞬間瞬間に、間脳は絶え間なく活動し、生命のリズムを奏で続けているのです。

この理解は、私たちに深い感動をもたらします。自分の中に、38億年の進化の結果が刻まれ、自然の力が流れ込んでいることに気づくとき、私たちは自らの存在の尊さと偉大さを感じずにはいられません。

間脳を通じて、私たちは宇宙の壮大な物語に触れ、その一部として生きていることの喜びを実感できるのです。

「私の初期化」とは、宇宙とつながる自己を回復することです。

心をリセットするという言葉もありますが、これは、ストレスによる精神的疲労を解消し、心の健康とバランスを取り戻すための行動やプロセスを指します。「私の初期化」には、この心のリセットも含まれますが、それ以上の意味も含まれています。それは、命そのものに宿る幸せの力を最大限に発揮させるということです。

私たちの心は、マイナスの思い込みや囚われといったチリやホコリによって覆われ、美しい命の光が封印されています。このチリやホコリを取り払い、命の本来の輝きと至福を取り戻すのです。

私たちは今、まさに奇跡の世紀に生きています。その奇跡の一つは、ｉＰＳ細胞という日本人の偉大な発見によって、「細胞の初期化」が実現したことです。時間を逆回転させることで、まるで命を初期の状態に戻すような奇跡が起こったのです。この発見は、生命科学の歴史に新たな章を刻み、未来への希望と可能性を広げています。

ありえないことが起きたこの世紀に、次の奇跡が幕を開けようとしています。それは、奇跡の命を有するすべての人が、様々な苦悩から解放され、本来の輝きを取り戻し、幸せに生きるという「人の初期化」が実現するということです。

宇宙とつながる間脳が、あなたの初期化を応援します。間脳を意識し、自然を意識し、五感を意識して今に生きることが、初期化を推進する誘導因子となります。

さあ、今この時、生かされ生きていることを喜び、幸せに輝く最高の自分を覚醒していきましょう。

奇跡の時、奇跡のストーリーの幕開けです。

2024年8月吉日

嶋野鶴美

◇参考文献

『生き方』稲盛和夫　サンマーク出版
『スイッチ・オンの生き方』村上和雄　致知出版社
『人間　この神秘なるもの』村上和雄　濤川栄太　致知出版社
『知能と創造のサイエンス』七田眞　日本実業出版社
『「間脳」自己啓発のすすめ』七田眞　日本実業出版社
『脳内革命』春山茂雄　サンマーク出版
『心。』稲盛和夫　サンマーク出版
『ありがとうの奇跡』小林正観　ダイヤモンド社
『経営道――心と道の経営』市川覚峯　致知出版社
『中村天風　折れないこころをつくる言葉』池田光　イースト・プレス
『松下幸之助はなぜ成功したのか』江口克彦　東洋経済新報社
『アインシュタインの旅行日記』アルバート・アインシュタイン／畔上司（訳）草思社
『アインシュタインは語る』アリス・カラプリス／林一（訳）大月書店
『今日、誰のために生きる?』ひすいこたろう／SHOGEN　廣済堂出版

〈著者略歴〉

嶋野鶴美（しまの　つるみ）

長崎県生まれ。長崎大学教育学部を卒業後、特別支援教育に携わる。退職後、人間の本質を探求する中、心理学や脳科学を学び、特に幸せホルモンを分泌する間脳に注目する。そして、人の命には本来、幸せに生きるためのシステムがあり、それを活用することで誰もが幸せになれることを確信する。

日本の幸福度の低さを改善し、活力を高め、それぞれの個性が輝くようにと、2017年、NPO法人「間脳開花塾」を立ち上げる。間脳開花塾では塾長を務め、間脳活性して幸せで豊かに生きるための講座、セミナー、講演会などを開催している。心理カウンセラーとして、メンタルヘルス支援も行う。

これまでの著書に『宇宙とつながる間脳開花』（SIBAA BOOKS）、『間脳発想革命』（ＰＨＰエディターズ・グループ）がある。

●ＮＰＯ法人間脳開花塾（塾長 嶋野鶴美）

公式サイト　https://www.kannoukaikajyuku.com/
YouTube　https://www.youtube.com/@npo6779
facebook　https://www.facebook.com/kannoukaika/
ブログ　https://ameblo.jp/kannoukaika/

●嶋野鶴美ブログ　https://ameblo.jp/shokika1

装幀／宮澤来美（睦実舎）

編集協力／田谷裕章（葉小舟堂編集室）

制作協力／松本圭司（株式会社のほん）

ずっと続く幸せ 私の初期化

日常に奇跡を起こす「命のシステム」が始動する！

2024年9月9日　初版第1刷発行

著　者　嶋野鶴美
発行人　高橋範夫
発行所　青山ライフ出版株式会社
〒103-0014
東京都中央区日本橋蛎殻町 1-35-2
グレインズビル 5F-52号
TEL：03-6845-7133
FAX：03-6845-8087
http://aoyamalife.co.jp
info@aoyamalife.co.jp

発売元　株式会社星雲社
（共同出版社・流通責任出版社）
〒112-0005
東京都文京区水道 1-3-30
TEL：03-3868-3275
FAX：03-3868-6588

印刷/製本　モリモト印刷株式会社

ISBN978-4-434-34606-4